Legitimität *kraft* *Verfassung*

Europäische Hochschulschriften
Publications Universitaires Européennes
European University Studies

Reihe XXXI
Politikwissenschaft

Série XXXI Series XXXI
Sciences politiques
Political Science

Bd./Vol. 456

PETER LANG
Frankfurt am Main · Berlin · Bern · Bruxelles · New York · Oxford · Wien

Renate Hochwieser

Legitimität *kraft Verfassung*

Inwieweit kann eine Europäische Verfassung das demokratische Legitimitätsdefizit der EU verringern oder beheben?

PETER LANG
Europäischer Verlag der Wissenschaften

Die Deutsche Bibliothek - CIP-Einheitsaufnahme

Hochwieser, Renate:

Legitimität kraft Verfassung : inwieweit kann eine Europäische Verfassung das demokratische Legitimitätsdefizit der EU verringern oder beheben? / Renate Hochwieser. - Frankfurt am Main ; Berlin ; Bern ; Bruxelles ; New York ; Oxford ; Wien : Lang, 2002

(Europäische Hochschulschriften : Reihe 31, Politikwissenschaft ; Bd. 456)

ISBN 3-631-39095-5

Die Drucklegung dieser Arbeit wurde von Herrn Professor Anselm Skuhra empfohlen.

ISSN 0721-3654

ISBN 3-631-39095-5

www.peterlang.de

Die Verfassung muss elastisch sein –
lieber aus Gummi als aus Eisen.

(Charles de Gaulle)

Vorwort der Autorin

Beitrittsverhandlungen und Verfassungsdiskussion, Erweiterung und Vertiefung der europäischen Integration – das sind die großen Themen, die die Europa-Diskussion in den kommenden Jahren prägen werden. Zwei Schlüsselbegriffe der aktuellen europapolitischen Diskussion stehen dabei im Vorderund – der sogenannte „Post-Nizza-Prozess" und die „Verfassungsdebatte". Das letztere Thema stelle den Schwerpunkt der vorliegenden Untersuchung dar, wobei es vordergründig um folgende Fragen bei der seit einiger Zeit wieder in Gang gekommenen EU-Verfassungsdebatte geht: die subsidiaritätsgemäße Abgrenzung der Zuständigkeiten zwischen Union und den Mitgliedstaaten, der zukünftige Status der in Nizza proklamierten Grundrechts-Charta und um die vereinfachende Neugestaltung der EU-Verträge.
Sollte der "Post-Nizza-Prozess" tatsächlich zu einer Europäischen Verfassung führen, dann darf man jedoch einige über die Themenliste von Nizza hinausweisenden Grundprobleme bzw. Fragestellungen nicht ausblenden. Gibt es nicht längst eine Europäische Verfassung bzw. stellt die rechtliche Grundordnung des Integrationssystems eine ausreichende verfassungsmäßige Grundlage dar? Braucht die EU unter den gegenwärten institutionellen Bedingungen eine Verfassung? Kann man idhre Notwendigkeit plausibel machen – auch jenen politi-schen Akteuren – die dem Projekt bislang negativ gesinnt waren? Berechtigte Fragen, die es zu beantworten gilt, will man dem vielschichtigen Projekt einer Europäischen Verfassung gerecht werden.

Die vorliegende Arbeit befasst sich mit der Untersuchung der Notwendigkeit einer Europäischen Verfassung im Hinblick auf die demokratische Legitimität der EU, welche die Basis für eine langfristige und vor allem tiefgreifende Integration der Union darstellt. Dabei steht einerseits die Analyse der Legitimität bzw. der Legitimitätsquellen der EU und den daraus erkennbaren legitimatorischen Defiziten der Union im Vordergrund, und andererseits die Frage, inwieweit eine Europäische Verfassung dazu in der Lage erscheint, eben diese Legitimitätsmängel zu bewältigen.

Ursprünglich aus völkerrechtlichen Verträgen konstitutiert, basiert die europäische Verfassungsebene mittlerweile erheblich auf dem dialektischen bzw. komplementären Verhältnis zu den Verfassungen der Mitgliedsstaaten. Die Methode der stufenweise Änderung und Fortschreibung der bestehenden Verträge ist nach Meinung vieler, sowie auch meiner Ansicht nach, an ihre Grenzen gestoßen. Die EU braucht eine politisch legitimierte Identität, und diese ist nicht vorgegeben, sondern sie muss gestiftet werden. Nichts weniger ist die Aufgabe einer Europäischen Verfassung.

Dass diese Arbeit in der nun vorliegenden Version entstehen konnte, verdanke ich einer Vielzahl von Menschen, die mir von Beginn an bis hin zur Veröffentlichung zur Seite gestanden sind.

Ich danke dem Ao.Univ.Prof. Dr. Anselm Skuhra, der den Fortgang der Arbeit mit zahlreichen Hinweisen sowie wohlwollender und konstruktiver Kritik begleitet hat.

Ferner bin ich Univ.Prof. Dr. Heinrich Neisser zu Dank verpflichtet, der mir eine Vielzahl von nützlichen Anmerkungen und Anregungen zukommen ließ.

Besonderen Dank gilt meiner Familie und all meinen Freunden, die mit vielen praktischen Tipps sowie unzähligen Aufmunterungen zum erfolgreichen Abschluss dieser Arbeit beigetragen haben.

Salzburg, 2001

INHALTSVERZEICHNIS:

I. Einleitung

„Eine alte Idee erlebt zur Zeit ihre Neuauflage. Es handelt sich um die Idee, Europa eine Verfassung zu geben. Dieser Gedanke ist im Grunde so alt wie das Konzept der Einigung Europas selbst." [1]
Die EU verfolgt heute ehrgeizige wirtschaftliche und politische Ziele, so dass die notwendige Vertiefung und bevorstehende Erweiterung der Union nach einem neuen institutionellen Rahmen verlangen, der es ermöglicht die zukünftigen Aufgaben effizient und demokratisch zu bewältigen. Die gegenwärtige Situation ist durch ein schleichendes Übergreifen des Integrationsprozesses in nahezu alle Politikbereiche gekennzeichnet. In zunehmendem Maße konkurrieren Mitgliedstaaten und Union um eine Neuverteilung von Macht, weshalb es als Konsequenz dieses „Machtkampfes" einer klaren vertraglichen Festschreibung der politischen Rahmenbedingungen bedarf. Dies ist lediglich „eine" Qualität, welche eine mögliche Europäische Verfassung[2] zu erfüllen hätte, um Europa politisch handlungsfähig zu machen. Eine Europäische Verfassung kann und sollte ferner zu einem wichtigen Orientierungspunkt im Integrationsprozess werden, zumal eine Reform Europas nach Meinung vieler Experten bereits überfällig ist, da die Rechtsgrundlagen der EU längst unüberschaubar geworden sind und die elementare Übereinstimmung der Europäer nach einer „Fixierung" verlangt.
In diesem Zusammenhang hat die Thematik um eine mögliche Europäische Verfassung in letzter Zeit stark an Aktualität und Brisanz gewonnen. Beispielsweise hat der deutsche Außenminister Joschka Fischer zu Beginn der deutschen Ratspräsidentschaft in einer Rede vor dem Europäischen Parlament vom 12. Januar 1999, das Thema einer Europäischen Verfassung, als mögliche Antwort auf bestehende politische und vor allem demokratische Defizite innerhalb des Integrationsprozesses ausdrücklich aufgebracht.[3] Mehr juristischen Gehalt weist so dann der Beschluss des Europäischen Rates vom 3./4. Juli 1999 in Köln auf, eine Charta der Grundrechte der Europäischen Union zu erarbeiten.
Die Form der verfassungsrechtlichen Umsetzung dieser Charta ist einstweilen noch ungewiss, doch schon durch ihre Ausarbeitung und Proklamierung auf der

---

1 Weidenfeld, Werner (1998). Europäische Verfassung für Visionäre. In: Hrbek, Rudolf/Jopp, Mathias/Lippert, Barbara/Wessels Wolfgang (Hrsg.). Die Europäische Union als Prozeß. Verfassungsentwicklungen im Spiegel von 20 Jahre der Zeitschrift INTEGRATION. Bonn: Europa Union Verlag. S.157-164. S. 157.

2 Im weiteren Verlauf der Arbeit werden die Begriffe „Europäische Verfassung" und „EU-Verfassung" synonym verwendet, wobei EU und Europa allerdings nicht gleichgesetzt werden sollen.

3 Fischer, Joschka (1999). Rede vor dem Europäischen Parlament 12.01.1999. S. 1-9.

Regierungskonferenz in Nizza vom 8./12. Dezember 2000 beinhaltet die Charta einen bedeutenden Schritt auf dem Weg zu einer Europäischen Verfassung.
Die Zielsetzung dieser Arbeit definiert sich im Rahmen der vorangegangenen Überlegungen in der konkreten Untersuchung der Auswirkungen bzw. der Möglichkeiten einer Europäischen Verfassung im Hinblick auf die Reduzierung oder Behebung des demokratischen Legitimitätsdefizits der EU. Dieser zentrale Untersuchungsgegenstand eröffnet ein breites Spektrum an Fragestellungen: Zunächst geht es um die grundlegende Frage, ob eine solche Verfassung bereits existiert bzw. überhaupt benötigt wird. Als Untersuchungsgegenstand dienen hierbei die EWG-Gründungsverträge bzw. das bestehende Primärrecht der Europäischen Union, welches zunächst als geschlossener „Normkomplex" auf Verfassungsmäßigkeit untersucht werden soll, um infolgedessen spezifische und verfassungsmäßige Charakteristika des europäischen Primärrechts herauskristallisieren zu können. Anschließend soll der Vertrag von Maastricht aus dem Jahre 1993 einer umfassenden Untersuchung unterzogen werden, da dieser laut Meinhard Hilf sowie anderer Europarechtsexperten am „ehesten" als die Verfassung der Union anzusehen ist.[4] Um eine möglichst umfassende Analyse der europäischen Verfassungsebene vorzunehmen, erscheint es zudem erforderlich, sich mit den im Laufe der Integrationsgeschichte der EU eingebrachten Verfassungsinitiativen des Europäischen Parlaments sowie anderer europäischer Organe, zu beschäftigen. Um dabei die Debatte so aktuell wie möglich wiederzugeben, wird die Charta der Grundrechte der EU als wesentliches verfassungsmäßiges Element des EU-Rechtsystems zur Untersuchung herangezogen. Bei der Analyse des EU-Primärrechts auf dessen verfassungsmäßigen Charakter gelangt man zu einem wesentlichen Kernproblem der Verfassungsthematik auf EU-Ebene: Die klassische Staatswissenschaft wird dem Phänomen der europäischen Integration nicht mehr gerecht und es besteht ein dringender Bedarf nach neuen Denkmodellen, die sich von nationalstaatlichem Gedankengut lösen und eine eigenständige europäische Verfassungsdiskussion ermöglichen. Aus diesem Grunde soll im zweiten Kapitel dieser Arbeit versucht werden, den Begriff der Verfassung insofern „europafähig" zu machen, als dass auf „neue" verfassungstheoretische Ansätze zurückgegriffen wird, welche in der Lage sind den europäischen Verfassungsraum, in seiner besonderen Beschaffenheit, zu erfassen. Eng verknüpft mit dem Anspruch an einen „europafähigen" Verfassungsbegriff sind auch Forderungen nach einem Mehr an Legitimität und

---

[4] vgl. Meinhard, Hilf (1995). Der Beitrag des Europäischen Parlaments zur Verfassungsentwicklung. In: Rack, Reinhard (Hrsg.). Eine Verfassung für Europa. Graz: Forschungsinstitut für Europarecht der Karl Franzens-Universität. S. 31-45. S. 32. sowie: Simon, Helmut (1994). Der Verfassungsstreit um den Maastricht-Vertrag: Worum geht es? In: Stiftung MITARBEIT (Hrsg.). Wieviel Demokratie verträgt Europa? Wieviel Europa verträgt die Demokratie. Opladen: Leske&Budrich Verlag. S. 59-77.

Demokratie in Europa, zwei zentrale Thematiken, die im Laufe der Arbeit behandelt werden sollen. Die sich daraus ergebenden Forschungsfragen bezüglich des „Legitimitätsdefizits“ der EU beziehen sich zunächst auf die Feststellung, ob die EU als politisches Konstrukt überhaupt demokratisch legitimationsfähig sowie legitimationsbedürftig ist. In einem zweiten Schritt steht die Frage im Zentrum, inwieweit sich das politische System der EU Legitimation verschafft bzw. aus welchen Quellen die EU Legitimation bezieht. Eng verbunden mit der These des „Legitimitätsdefizits“ der EU ist der Befund eines europäischen „Demokratiedefizits“, welches im Laufe der Arbeit ebenfalls behandelt werden soll. Dabei geht es vor allem um die Beantwortung der Frage, welche generelle Demokratiefähigkeit der Union in der akademischen Debatte zugesprochen wird. In diesem Zusammenhang erscheint es sinnvoll, sich mit dem Problem des legitimen Regierens jenseits von Staatlichkeit auseinander zu setzen, um der Singularität des EU-Systems bzw. ihrem speziellen Charakter gerecht werden zu können. Im Anschluss daran sollen einige spezifische demokratische Defizite der EU näher analysiert werden. Im vierten Kapitel der Arbeit soll die Frage beantwortet werden, ob die EU zum derzeitigen Zeitpunkt bzw. unter den gegenwärtigen politischen sowie institutionellen Bedingungen einer Verfassung bedarf. Dies wird vor allem im Hinblick darauf getan, ob das gegenwärtige Primärrecht der EU wesentliche Verfassungsfunktionen zu erfüllen vermag, wobei aufgrund der zentralen Fragestellung die Legitimitätsfunktion im Zentrum des Interesses stehen wird.

Hinsichtlich der angewandten Forschungsmethode lässt sich feststellen, dass die Arbeit primär auf der Literaturrecherche und Textinterpretation basiert. Dabei wurde versucht, die wesentlichen für unterschiedliche Positionen repräsentativen Literaturbeispiele zu integrieren, um die Literaturbasis so „kontrovers“ wie möglich zu gestalten. Zu einzelnen Teilaspekten der Arbeit (Grundrechtscharta, etc.) wurden zusätzlich Reden und Berichte verschiedener „Europaexperten“ herangezogen. Ferner wurde im Laufe der Untersuchung ein besonderes Augenmerk auf die Verwendung von Primärquellen gelegt, welche sich im Rahmen dieser Arbeit vor allem aus den wesentlichen Vertragstexten der Europäischen Union sowie aus weiteren Dokumenten der EU zusammensetzen.

II. Das Konzept der Verfassung

Den Sinn des Verfassungsbegriffs schlechthin zu suchen bzw. zu finden stellt eine Art „mission impossible“ dar, da er durch seine Vielschichtigkeit verschiedenste Formen annehmen, und eine Verfassung unterschiedliche Funktionen erfüllen kann und somit nicht eindeutig determinierbar ist.[5] Eine Verfassung vereinigt grundlegende Rechtsprinzipien, nach denen Individuen und Gruppierungen gemeinsam leben wollen und wodurch sich ein Gemeinwesen zu formieren vermag. Sie stellt mehr als ein reines Organisationsstatut dar, denn sie konstituiert und organisiert eine politische Ordnung auf Basis des Rechts. [6] Um grundlegende Merkmale des Phänomens „Verfassung“ darzustellen, erscheint es an diesem Punkt sinnvoll, einen kurzen Überblick über klassische Lehrmeinungen bzw. Verfassungstheorien zu geben, um sich im Anschluss daran näher mit dem Verfassungsbegriff der Europäischen Union auseinandersetzen zu können.

1. Verschiedene Ansichten der Verfassungslehre

Bei der Durchsicht der unerschöpflichen Anzahl von Publikationen bezüglich Staats- und Verfassungslehre wurde versucht, den Hauptaugenmerk auf jene Ansätze zu legen, die im weiteren Verlauf für diese Arbeit von Bedeutung sein werden. Hierbei möchte ich nun kurz auf - meines Erachtens - vier grundlegende, klassische Meinungen innerhalb der Verfassungslehre verweisen.[7]

Folglich werde ich mit einem kurzen Abriss der Ansichten von Georg Jellinek, Hans Kelsen, Carl Schmitt und Rudolf Smend beginnen, wobei die Ansätze von Niklas Luhmann und Peter Häberle als die für den weiteren Verlauf dieser Arbeit „brauchbarsten“ Meinungen hinzugefügt werden.

1.1 Primat des formellen Verfassungsbegriffs

„Ein verfassungsloser Staat wäre Anarchie.“[8]

Jellinek vertritt die Meinung, dass jeder Staat eine Verfassung benötigt, um die Einheit seines Verbandes zusammenzuhalten. Hierbei kann zwar jeder Staat

---

5 vgl. Dickstein, Michael (1998). Der Verfassungsbegriff der Europäischen Union. Linz: Universitätsverlag Rudolf Trauner. S. 17.

6 vgl. Preuß, Ulrich K. (2000). Auf der Suche nach Europas Verfassung. Europa hat noch keine Verfassung. In: Transit. Europäische Revue. 2/2000. Nr. 17. S. 154-174.

7 vgl. Dickstein, Michael (1998). a.a.O. S. 35 ff.

8 Jellinek, Georg (1960). Allgemeine Staatslehre. (3. Auflage). Bad Homburg: Gehen Verlag. S. 477.

wählen, welche Verfassung er seiner Ordnung zugrunde legen möchte; er muss jedoch irgendeine Verfassung haben.[9] Relativiert wird diese „begrenzende" Aussage durch eine weiterfolgende Festlegung der Aufgabe bzw. Funktion einer Verfassung. Diese sollte laut Jellinek die Stellung seiner Mitglieder sowie den Willensbildungsprozess innerhalb des Verbandes regeln.[10] Diese Ansicht erkennt Grundzüge staatlicher Kompetenzen und Organisation als Verfassungsinhalt an, wobei die vorhergehende Forderung, jeder Staat müsse „irgendeine" Verfassung haben, sozusagen erweitert und relativiert wird. Für Jellinek erscheint die geläufige Differenzierung des Verfassungsbegriffs nach formellen bzw. materiellen Kriterien von Bedeutung, wobei er hierbei sein Hauptaugenmerk eindeutig auf die formelle Klassifizierung der Verfassung legt. Für ihn erscheint es schlicht weg unmöglich, Verfassungen von einfachen Gesetzen durch andere als äußere, formale Merkmale voneinander zu unterscheiden.[11]

1.2 Rechtspositivistischer Ansatz

Hans Kelsen, jener Vertreter der österreichischen Staatsrechtslehre, der mit seinen Ansichten die Wiener Schule des Rechtspositivismus begründete, beschäftigt sich in seinem Ansatz vor allem mit dem Geltungsgrund bzw. mit der jeweiligen Unter- und Überordnung innerhalb einer Rechtsordnung. Durch dieses Über- bzw. Unterordnungsverhältnis verschiedenster Rechtsnormen basiert die Rechtsordnung nicht auf einer eindimensionalen Ebene, sondern zeigt sich als Stufenbau verschiedener Schichten von Rechtsnormen. In diesem Sinne kann die Rechtsordnung als mehrdimensionale Stufenebene erklärt werden, wobei das Verfassungsrecht den obersten Platz als Gesamtheit aller Normen einzunehmen hat. Ihre Anwendung findet die Verfassung im einfachen Gesetz.[12] Ebenso wie Jellinek legt auch Kelsen den Schwerpunkt auf den formellen Charakter des Verfassungsbegriffes. Zwar erkennt er in den Regelungen über die obersten Staatsorgane, sowie in der Regelung des Verhältnisses zwischen Staatsgewalt und Untertanen, den materiellen Sinn einer Verfassung, den eigentlichen inhaltlichen Aspekt einer Verfassung sieht er jedoch in der Bestimmung der generellen Rechtsnormen.[13] Kelsen hebt somit die Funktion des formellen Verfassungsbegriffs hervor und dabei vor allem die Stabilität der Normen, welche durch ihr erschwertes Zustandekommen gesichert wird.

---

9 vgl. Dickstein, Michael (1998). a.a.O. S. 19.

10 vgl. ebd. S. 505.

11 vgl. ebd. S. 523ff.

12 Kelsen, Hans (1960). Reine Rechtslehre. (2. Auflage). Wien: Deuticke-Verlag. S. 228ff.

13 vgl. ebd. S. 228.

1.3 Der „positive" Verfassungsbegriff

Carl Schmitt bezeichnet die Entstehung einer Verfassung als eine bewusste, grundlegend politische Entscheidung der Verfassungsgewalt, die in der Folge unantastbar ist.[14] Dabei legt er die Gesamtentscheidung über Art und Form der politischen Einheit eines Volkes seinem Verfassungsverständnis zugrunde. Er bezeichnet diesen Ansatz als „positiven" Verfassungsbegriff.[15] Als Grundlage dieser Ansicht dient Schmitt die Unterscheidung zwischen absolutem und relativem Verfassungsbegriff. Der absolute Verfassungsbegriff beschreibt die Verfassung als einheitliches Ganzes (Gesamtzustand der politischen und sozialen Ordnung), wohingegen der relative Verfassungsbegriff die Verfassung als Vielheit einzelner Gesetze charakterisiert (kommt formellem Verfassungsverständnis gleich).
Carl Schmitt stellt sich offen gegen das Verfassungsverständnis Jellineks, der die Verfassung als Vielheit einzelner Gesetze begreift, da diese Ansicht für ihn weder logisch noch juristisch möglich erscheint. Seiner Meinung nach setzen Verfassungsgesetze eine Verfassung voraus, wobei zusätzlich keine weiteren besonderen inhaltlichen Anforderungen an eine Verfassung gerichtet werden. Durch eine Klassifizierung nach äußerlichen, und seiner Ansicht nach nebensächlichen Formalkriterien, gehen sachliche Bestimmungen und somit der Begriff der Verfassung als geschlossene Einheit verloren. Einzig der Ausdruck der Grundentscheidung durch den „pouvoir constituant" gilt als Voraussetzung einer verfassungsrechtlichen Normierung.[16]

1.4 Die Integrationslehre

Rudolf Smends Erkenntnisse und neue Wege, das Wesen einer Verfassung zu begreifen, erfreuen sich vor allem im Zusammenhang mit supranationalen Erscheinungs- bzw. Organisationsformen großer Beliebtheit.[17] Wichtig erscheint es seiner Ansicht nach, die Verfassung nicht als statisches, ruhendes Moment im Leben, sondern als Rechtsordnung des Lebens zu sehen. Das „Leben" wird in diesem Zusammenhang als Integrationsprozess bezeichnet.[18] Durch diese Ansichtsweise wird der Bezug der Verfassung zum Staat als „starres" Element relativiert bzw. unter neuen Gesichtspunkten betrachtet, wodurch das moderne Verfassungsrecht für Phänomene jenseits der Staatlichkeit zugänglich erscheint.

---

14 vgl. Dickstein, Michael (1998). a.a.O. S. 21f.

15 Schmitt, Carl (1928). Verfassungslehre. München: Duncker&Humblot Verlag. S. 44ff.

16 ebd. S. 28.

17 vgl. Dickstein, Michael (1998). a.a.O. S. 23.

18 Smend, Rudolf (1994). Staatsrechtliche Abhandlungen und andere Aufsätze. (3. Auflage). Berlin: Duncker&Humblot Verlag. S.119.

Eine Verfassung hat sich als „elastisches Gebilde" einer ständig erneuernden Wirklichkeit anzupassen, da es als integrierendes Instrument politische und gesellschaftliche Kräfte zusammenführen soll. Aus diesem Grunde ergibt sich der „elastische" Begriff der Verfassung, wodurch der Integrationsprozess selbst als Gegenstand einer bewussten Verfassungsregelung aufgefasst wird.[19] Rudolf Smend betont dabei die integrative Funktion der Verfassung als Instrument zur Einigung der politischen und wirtschaftlichen Kräfte. Die Gliederung bzw. der formale Aufbau der Verfassung ist hierbei nicht von Bedeutung, denn im Mittelpunkt steht die Integration als Prozess.[20] Dieser Verfassungsbegriff kann vor allem dort seine Anwendung finden, wo die politische Gemeinschaft den Herausforderungen einer sich dynamisch verändernden Gesellschaft gerecht werden muss. Man kann in diesem Zusammenhang von einer Art „Wandelverfassung" sprechen, da sie Veränderungen ermöglichen, gestalten und steuern muss und daher andere Leistungen zu erbringen hat als eine Verfassung im klassischen staatsrechtlichen Sinne.[21] Auf das Phänomen der „Wandelverfassung" wird im Zusammenhang mit den Anforderungen an eine Europäische Verfassung in einem der nachfolgenden Kapitel noch näher eingegangen werden.

1.5 Der funktionalistische Verfassungsbegriff

Niklas Luhmann ist einer der führenden Repräsentanten einer funktional-strukturellen Soziologie im deutschen Sprachbereich. Ausgehend von dem Begriff des „Modernen Staates" - ein ausdifferenziertes System, welches funktionell auf politische Herrschaft spezialisiert und mit dem entsprechenden Instrumentarium des positiven Rechts ausgestattet ist – entwickelt er eine eigene Definition von Verfassung, die vor allem auf deren Funktion ausgerichtet ist.[22] Dieselbe sieht Luhmann in der Transformation des politischen Rahmens zur rechtlichen Struktur mit gegenseitiger Beeinflussung beider Bereiche in bestimmte Richtungen. Zudem ist die Verfassung nicht nur die oberste Norm einer Rechtsordnung, sondern erweist sich als rechtliches Instrument zur Disziplinierung politischer Macht.[23]

Dieses Konzept erscheint vor allem dort von Nutzen, wo der politische Bereich einer Ordnung einer bestimmten Dynamik unterworfen ist, bzw. die politische

19 vgl. Smend, Rudolf (1994). a.a.O. S. 190f.

20 Dickstein, Michael (1998). a.a.O. S. 19.

21 vgl. Preuß, Ulrich K. (2000). a.a.O. S. 164.

22 Grimm, Dieter (1995). Does the European Union need a Constitution. In: European Law Review. 2, Nr. 296. S. 110-125. S. 113.

23 Luhmann, Niklas (1993). Das Recht der Gesellschaft. Frankfurt am Main: Suhrkamp Verlag. S. 478.

Macht noch im Entstehen ist. Aus diesem Grunde macht es Sinn auch auf überstaatlicher Ebene auf dieses Verfassungsverständnis zurückzugreifen, da die besonders enge Beziehung zwischen Politik und Recht sowie ihre Verbindungsstruktur - die Verfassung - ins Zentrum des Interesses rücken.

1.6 Verfassungslehre als Kulturwissenschaft

Peter Häberle vertritt die Ansicht, dass das gemeineuropäiche Verfassungsrecht bereits solche Grundprinzipien enthält, die auf Elemente gemeineuropäischer Rechts- und Verfassungskultur zurückzuführen sind.[24] Das „Gemeinsame" ergibt sich dabei dadurch, dass für vergleichbare gesellschaftliche Vorgänge - unter vergleichbaren geschichtlichen Voraussetzungen - gleiche Verfassungsprinzipien entstanden sind. Als bemerkenswert hervorzuheben gilt hierbei, dass Häberle eine Theorie über die notwendige Erweiterung der Lehre von den „herkömmlichen" Methoden der Interpretation der (nationalen) Verfassungen entwickelt, und diese dabei um die gemeineuropäische und somit die rechtsvergleichende und kulturwissenschaftliche Methode erweitert.[25]
Häberle formuliert zudem die Abkoppelung des Verfassungsverständnisses vom Staat auf eine eindrucksvoll schlichte Art und Weise:

> *„Da es im Sinne einer bekannten These nur so viel Staat gibt, wie die Verfassung konstituiert, scheint mir heute eine Verfassungslehre vonnöten, für eine Staatslehre besteht eigentlich kein Raum mehr."*[26]

Erst die Befreiung des heutigen Verfassungsverständnisses von seiner herkömmlichen Staatsbezogenheit kann eine europäische Verfassungsdebatte ermöglichen. In diesem Sinne erscheint das Heranziehen des von Häberle geprägten kulturwissenschaftlichen Verfassungsbegriffs für den weiteren Verlauf dieser Arbeit als überaus hilfreich.
Die im vorangegangenen Teil angeführten Lehrmeinungen stellen teilweise völlig unterschiedliche Ansätze der Verfassungslehre dar. Nichtsdestotrotz ist ein größter gemeinsamer Nenner aller Stellungnahmen, bezüglich des Begriffs der Verfassung erkennbar. Dieser steht für die grundlegende Ordnung einer Gemeinschaft oder Organisation, für die normative Grundordnung des Staates bzw. jedes dauernden Verbandes. Die Verfassung wird als die Gesamtheit der grundlegenden Regeln über das Zusammenleben als staatliche Gemeinschaft

---

24 vgl. Häberle, Peter (1997). Europäische Rechtskultur. Baden-Baden: Nomos Verlagsgesellschaft. S. 37ff.

25 vgl. ebd. (1998). Verfassungslehre als Kulturwissenschaft. (2. Auflage). Berlin: Duncker&Humblot Verlag. S. 164ff.

26 ebd. (1998). S. 620.

bezeichnet, sogar die Bezeichnung der „Seele“ als das konkrete Leben des Staates wird verwendet.[27]
Betrachtet man die verfassungstheoretischen Ansätze von Jellinek, Kelsen und Schmitt, so ist eine staatszentrierte Sichtweise auf den Verfassungsbegriff unverkennbar. Die Verfassung in ihrer heutigen Begrifflichkeit ist klar und deutlich dadurch geprägt, dass sie im Dienste der Idee des Rechtsstaates steht, denn der Begriff der Verfassung ist für staatliche Herrschaftsverbände entwickelt worden.[28] Weder die EU noch die EG haben die Qualität eines Staates, so erscheint es durchaus zweifelhaft, ob man im Zusammenhang mit der EU überhaupt von einer Verfassung sprechen kann.
Im Zusammenhang mit der Verfassungsentwicklung der Europäischen Union erscheinen vor allem die letzten drei Ansätze von Smend, Luhmann und Häberle interessant. Im Anschluss an Rudolf Smends berühmt gewordene Abhandlung aus dem Jahre 1928 „Verfassung und Verfassungsrecht“, hat sich allgemein das Verständnis der sogenannten “Einigungsfunktion“ der Verfassung durchgesetzt, welche auch im Zusammenhang mit der europäischen Verfassungsebene von besonderer Bedeutung erscheint.[29] Die Verfassung bildet dabei die konsensuale Grundlage der politischen Einheitsbildung, Identifikation und damit auch Zugehörigkeit für den einzelnen. Da sich eine Vielzahl von Menschen auf einem bestimmten Territorium erst durch eine Verfassung zu einem willens- und handlungsfähigen Verband organisiert, kommt der Verfassung zweifellos die Funktion zu, die politische Einheit des Verbandes zu unterstützen, zuweilen überhaupt erst zu ermöglichen. Luhmanns Ansatz des funktionellen Verfassungsbegriffes erscheint, im speziellen Zusammenhang meiner Arbeit, deshalb von besonderem Interesse, da er sich auf eine „unkonventionelle“ Art und Weise schrittweise vom nationalstaatlichen Verfassungsdenken entfernt, was der Eigenart und speziellen Dynamik des politischen Prozesses innerhalb der EU zugute kommt. Außerdem überschreitet Luhmann das Gebiet des reinen Staatsrechts und beschreibt die Verfassung als eine Art „Schnittstelle“ zwischen den Bereichen Politik und Recht. Genauso wie Smend legt auch er besonderen Stellenwert auf die Flexibilität und Dynamik der Verfassung. Ein verfasstes Europa wird zudem ein komplexes Mit- und Gegeneinander einer Vielzahl von Akteuren zu organisieren haben, die auf verschiedensten Ebenen ihren Beitrag an der Formulierung und Verwirklichung von europäischer Politik leisten müssen.[30] Peter Häberles kulturwissenschaftlich geprägter Verfassungsbegriff erscheint deshalb im Zusammenhang mit einer europäischen Verfassungsdebatte interessant, da er durch seine Forderung, das herkömmliche staatsbezogene Verfassungsverständnis zu überdenken bzw. sich von ihm zu entfernen, den

---

27 vgl. Schmitt, Carl (1928). a.a.O. S. 4.
28 Preuss, Ulrich K. (2000). a.a. O. S. 155.
29 vgl. Dickstein, Michael (1998). a.a.O. S. 28ff.
30 vgl. Preuss, Ulrich K. (2000). a.a.O. S. 172f.

Verfassungsbegriff von seiner Staatsbezogenheit sozusagen „befreit" und europafähig macht. Durch seine Lehre von der Verfassung als Kultur, als *„Mittel der kulturellen Selbstdarstellung des Volkes"*[31] ebnet Häberle den Weg der „Entstaatlichung" des normativen Verfassungsbegriffs.
Betrachtet man nun die verfassungstheoretischen Ansätze von Rudolf Smend, Niklas Luhmann und Peter Häberle, so ist festzustellen, dass aus deren Blickwinkeln das Zeitalter der ausschließlichen Staatsbezogenheit des Verfassungsbegriffes dem Ende zuzugehen scheint, wodurch die europäische Verfassungsdebatte in eine neue und vor allem „befreitere" Dimension gerät.
Jene hier angeführten Darstellungen lassen zwar die Bedeutung und den Stellenwert der Verfassung deutlich werden, über Bedingungen und Grenzen können jedoch zunächst keine Schlussfolgerungen gezogen werden. Von großer Wichtigkeit erscheinen auch die unterschiedlichen Bezugspunkte, welche von den verschiedenen Ansichten verwendet werden:

> *„Einmal ist von Gemeinschaft und Organisation die Rede, dann von einem dauernden Verband, oft vom Staat, für den die Verfassung fundamentale Bedeutung hat."*[32]

Aus diesem Grunde erscheint es notwendig, den Begriff der Verfassung weiter einzuengen bzw. zusätzliche umfassende Definitionsversuche miteinzubeziehen, wodurch in diesem Zusammenhang einige grundsätzliche Fragen aufgeworfen werden:

- Welche Funktion hat eine Verfassung zu erfüllen?
- Welcher Form und welchen Inhalt muss eine Verfassung gerecht werden?
- Wer besitzt die Kompetenz zur Verfassungsgebung? [33]

2. Weitere Verfassungsdeterminanten

2.1 Zur Funktion der Verfassung

Neben der bereits erwähnten *Integrationsfunktion* einer Verfassung - welche die einheitsstiftende Aufgabe der Verfassung in Wechselwirkung mit der Gesellschaft (als Voraussetzung und Ergebnis zugleich) benennt - hat eine Verfassung eine Vielzahl weiterer Funktionen zu erfüllen, wobei vor allem jene *der Ordnungserhaltung und -gewährung* von essentieller Bedeutung ist.
Vornehmlichste Funktion einer Verfassung ist es also, ein gesellschaftliches System zu schaffen und dem Staat seine rechtliche Grundordnung zu geben.

---

[31] vgl. Häberle, Peter (1998). a.a.O. S. 292.
[32] Dickstein, Michael (1998). a.a.O. S. 18.
[33] vgl. ebd. S. 26.

Durch die *Ordnungsfunktion* begrenzt die Gesellschaft ihre Machtträger und determiniert die individuelle und gesellschaftliche Freiheit. Die Verfassung hat somit die Aufgabe, Freiheit und Selbstbestimmung der Individuen zu gewährleisten. Neben der Kontrolle über die Machtträger erwächst weiters eine *Rechtfertigungsfunktion*, die der Verfassungsrechtswissenschaftler Hans-Peter Schneider anhand der drei folgenden Punkte zu skizzieren versucht. Seiner Ansicht nach legitimiert die Verfassung:

1. *"die Bildung staatlicher Organe durch Wahlen, Abstimmungen, Berufungen und Ernennungen,*
2. *die Herbeiführung und Durchsetzung staatlicher Entscheidungen, äußerstenfalls mit Hilfe von Zwang, und*
3. *den Übergang der zeitlich begrenzten Staatsmacht von einer Wahl oder Amtsperiode zur anderen."*[34]

Der Rechtfertigungsfunktion der Verfassung geht es zum einen um die Volkslegitimität für die Machterhaltung, -sicherung und -ausübung des Staates und zum anderen um die Stabilität rationaler Herrschaft für die Durchsetzung staatlicher Entscheidungen.[35] Die *Legitimitätsfunktion* für die Ausübung politischer Macht der Verfassung ist hierbei bereits inkludiert. Der Staat erhält seine politische Identität zum Großteil durch die Grundregeln, die seine staatliche Struktur, sein politisches Wesen ausmachen. Der politische Sinn einer Verfassung liegt nicht zuletzt darin, die Legitimationsgrundlage der politischen Herrschaft darzustellen. Wenn das Bezugsproblem der Verfassung die institutionalisierte politische Herrschaft ist, so begnügt sich die Verfassung nicht nur damit, die Ausübung der politischen Macht zu disziplinieren, sondern auch die Grundlage der politischen Herrschaft zu legen.[36]
Ebenso zu erwähnen ist die *Schutzfunktion* der Verfassung, welche auf die grundrechtliche Freiheitsgarantie gerichtet ist. Exekutive, Legislative und Judikative sind dabei dazu verpflichtet den Schutz und die Verwirklichung der Grund- und Bürgerrechte zu achten.

2.2 Formeller und materieller Verfassungsbegriff

Trotz aller inhaltlicher und terminologischer Unterschiede ist im Bereich nationaler Rechtsordnungen insofern eine Systematisierung des Verfassungsbegriffs

---

34 Schneider, Hans-Peter (1985). Die Funktion der Verfassung. In: Grimm, Dieter. Einführung in das öffentliche Recht. Heidelberg: Müller Juristischer Verlag. S. 1-44. S.20.

35 vgl. Dickstein, Michael (1998). a.a.O. S. 27f.

36 vgl. Morlok, Martin (2000). Grundfragen einer Verfassung auf europäischer Ebene. In: Häberle, Peter/Morlok, Martin/Skouris, Wassilios (Hrsg.). Staat und Verfassung in Europa. Baden-Baden: Nomos Verlagsgesellschaft. S. 73-90. S. 79.

erkennbar, als dass überwiegend begrifflich zwischen der Verfassung im formellen und im materiellen Sinne unterschieden wird.
Dabei versucht der formelle Verfassungsbegriff eine Antwort auf die Frage zu geben, welche äußerlichen Kriterien (Form, Bestandskraft, einheitliche Urkunde) eine Verfassung kennzeichnen, während der materielle Verfassungsinhalt eine Festlegung auf einen „allgemeingültigen" Verfassungsinhalt vorzunehmen versucht.[37] Der Zweck der formellen Vorkehrungen liegt vordergründig im Ziel der Stabilität und Überordnung, wodurch die durch die Gemeinschaft vollzogenen Handlungen vorhersehbar und berechenbar gemacht werden sollen. Als Garantie der Dauerhaftigkeit werden dabei Charakteristika, wie zum Beispiel Schriftlichkeit und eine erhöhte Bestandskraft gesehen. Im Gegensatz zum inhaltlich orientierten materiellen Verfassungsbegriff kommt dem formellen Verfassungsverständnis ein hohes Maß an Determination und Berechenbarkeit zu.[38]

Die festgelegte Grundordnung des Staates soll durch besondere Erschwernisse in der Abänderung in ihrem Inhalt geschützt werden. Resümierend kann der formelle Verfassungsbegriff an folgenden Aspekten festgemacht werden:

- Ein geschriebenes Dokument, dass die Forderung nach Klarheit, Transparenz und Vorhersehbarkeit für die Bürger zu erfüllen hat. Nur in wenigen Staaten, wie etwa in Großbritannien und Israel fehlt es an einer solchen schriftlichen Urkunde.
- Ein Stufenbau der Rechtsordnung, wie er von der Wiener rechtstheoretischen Schule entwickelt wurde. Hierbei stellt das Verfassungsrecht die oberste Geltungsgrundlage und den Maßstab für alles übrige Recht dar.
- Ein erschwertes Verfahren für das Zustandekommen der Verfassung und deren Abänderbarkeit.[39]

Genauere Bedeutung und Inhalt des formellen Verfassungsbegriffes sind umstritten, da es unklar ist, ob es dabei vor allem auf die schriftliche Niederlegung in einer oder mehreren besonderen Urkunden ankommt oder ob daneben das Merkmal der erhöhten Bestandskraft - also die Abänderbarkeit nur in einem besonderen und erschwerten Verfahren und der Vorrang gegenüber dem einfachen Recht - den Inhalt dieses Begriffes wesentlich prägt.

---

37 Bieber, Roland/Schwarze, Jürgen (1984). Verfassungsentwicklung in der Europäischen Gemeinschaft. Baden-Baden: Nomos Verlagsgesellschaft. S. 13ff.

38 Schambeck, Herbert (1979). Der Verfassungsbegriff und seine Entwicklung. In: Merkl, Adolf/Verdross, Alfred/Marcic, René/Walter, Robert (Hrsg.). Festschrift für Hans Kelsen zum 90. Geburtstag. Wien: Deuticke Verlag. S. 211-242. S. 211f.

39 vgl. Dickstein, Michael (1998). a.a.O. S. 28ff.

Über die Kriterien, die den Inhalt des materiellen Verfassungsbegriffs ausmachen sollen, besteht ebenso große Uneinigkeit, wie über deren formelle Kriterien. Manche im nationalen Recht verwendeten Definitionen beziehen sich direkt auf den Norminhalt. So wird etwa in der Bundesrepublik Deutschland die Verfassung als *„rechtliche Grundordnung des Gemeinwesens"* bezeichnet, welche *„die obersten Organe des Staates bezeichnen, die Art ihrer Schöpfung und ihr gegenseitiges Verhältnis festsetzen, ferner die grundsätzliche Stellung des einzelnen zur Staatsgewalt regelt."*[40] Ähnlich sieht auch die Definition des englischen Verfassungsrechts aus:

„...a system of laws, customs and conventions which define the composition and powers of organs of the state and regulate the relations of the various state organs to one another and to the private citizen."[41]

Eine allseits anerkannte herrschende Meinung über den Bedeutungsgehalt des Begriffs der Verfassung hat sich bislang weder im nationalen noch im internationalen Rahmen gebildet. Deshalb erscheint die Festlegung auf einen allgemein gültigen Verfassungsinhalt nahezu unmöglich. Zu sehr ist er geprägt von unterschiedlichen Wertvorstellungen sowie eingebettet in bestehende realpolitische und gesellschaftliche Verhältnisse.

Trotzdem lassen sich unterschiedliche Versuche bzw. Ansätze erkennen, welche versuchen das materielle Verfassungsverständnis auf einen „Nenner" zu bringen. Denn wenn jeder Staat eine Verfassung hat, muss folglich von einem, wenn auch begrenzten und flexibel anwendbaren Inhalt, gesprochen werden können.

Der materielle Verfassungsinhalt kann folglich präzisiert werden auf Regelungen betreffend *„...Staatsziele und staatliche Aufgaben, seine Organisation, die Grundsätze für die Ausübung der Staatsfunktionen, das Verhältnis von Staat und Gesellschaft sowie die Stellung des Einzelnen im Herrschaftsverband."*[42]

Eine weitere Qualifikation des Verfassungsinhalts stellt das von Loewenstein erstellte *"unreduzierbare(s) Minimum einer echten Verfassung"* dar:

- die Aufteilung der Staatsaufgaben („checks and balances")
- ein Mechanismus zur Vermeidung gegenseitiger Blockademaßnahmen durch die Machtträger
- die ausdrückliche Anerkennung der Individualrechte und Grundfreiheiten.[43]

---

40 vgl. Jellinek, Georg (1960). a.a.O. S. 505.

41 Phillips, Hood O./Jackson, Peter (1978). Constitutional and administrative law. (6. Auflage). London: Sweet&Maxwell. S. 5.

42 Adamovich, Ludwig/Funk, Bernd-Christian/Holzinger, Gerhard (1997). Österreichisches Staatsrecht. Wien: Springer Verlag. S. 45ff.

43 Loewenstein, Karl (1969). Verfassungslehre. (2. Auflage). Tübingen: Mohr Verlag. S. 131.

Eine heute noch weit verbreitete zusätzliche Aufwertung erhält das materielle Verfassungsverständnis durch die Absicherung weiterer demokratischer Grundelemente, wie beispielsweise des Wahlverfahrens sowie der Ausführung der Verfassung.

2.3 Kompetenz zur Verfassungsgebung

Die Frage nach der verfassungsgebenden Gewalt als eigenständigem Begriffsmerkmal wird überraschenderweise in der Analyse des Verfassungsbegriffs gern ausser Acht gelassen, und das, obwohl die Verfassung die rechtliche Form darstellt, welche den konstitutiven Akt der kollektiven Schöpfungsmacht („pouvoir constituant") institutionalisiert und rechtlich konstituiert.[44]
Vor allem innerhalb des „positiven" Verfassungsbegriffs von Schmitt spiegelt sich diese Thematik wieder, da dieser von einer Verfassung als grundlegende politische Entscheidung des Trägers der verfassungsgebenden Gewalt ausgeht.[45]
Jene Rolle der verfassungsgebenden Gewalt kommt im heutigen Verfassungsverständnis dem Volk zu. Die Souveränität ruht demzufolge in der Nation und kommt demjenigen zu, der das Volk durch umfassende integrative Kraft zur politischen Einheit wachsen lässt.

Als determinierende Elemente des Verfassungsbegriffs sind zusammenfassend vor allem ihre Funktion, ihr äußeres Erscheinungsbild, der typische Inhalt und ihre Urheberschaft zu betrachten. In diesem Zusammenhang erscheint es ebenso interessant einen Blick auf die unterschiedlichen Geltungsbereiche, jener im vorangegangenen Teil typisierten Verfassungsansätze und –charakteristika zu werfen, wirkt es doch auffallend, dass jede Stellungnahme entweder konkludent vom Staatsbezug der Verfassung ausgeht oder dieser aber ausdrücklich, wenn auch unreflektiert ausgesprochen wird. Ist der Staat somit als Voraussetzung und einzig mögliche Grundlage der Verfassung anzusehen? Welche Bedeutung bzw. Auswirkungen hat dieses staatszentristische Verfassungsbild auf eine mögliche Europäische Verfassung?

---

44 vgl. Dickstein, Michael (1998). a.a.O. S.34ff.
45 vgl. Schmitt, Carl (1928). a.a.O. S.23.

3. Staatsverfassung vs. Völkerrechtlicher Vertrag

3.1 Staats-zentristisches Verfassungsbild

„Wo kein Staat, da keine Verfassung, wo kein Staatsvolk, da kein Staat."[46]
Seit jeher wird die Verfassung als Symbol von Staatlichkeit gesehen, sie hat den Staat nicht nur zum Gegenstand, sondern auch zur Voraussetzung. Diese begriffliche Koppelung, welche man auch als eine Art „dialektische Einheit" beschreiben kann, hat eine Zentrierung der Verfassung auf den Staat zur Folge. Der Staat steht im Mittelpunkt des öffentlich-rechtlichen Denkens und zwar als die einzig legitime Herrschaftsordnung menschlichen Zusammenlebens.[47] Die direkte oder indirekte Legitimierung durch die Volkssouveränität gehört dabei zu den essentiellen Begriffselementen des modernen Verfassungsstaates.
Dieses staatsdeterminierende Denken ist natürlich durchaus begründbar. Schließlich ist dieser als der moderne politische Körper schlechthin zu begreifen. Der Staat ist nach dieser Lehre letztverantwortlich, unentrinnbar und allumfassend verantwortlich für die Erfüllung öffentlicher Aufgaben, er ist dafür, anders als die Europäische Union das ist, mit „Kompetenz-Kompetenz" ausgestattet. Die Verfassung gibt ihm die nötige Ordnung, legitimiert und begrenzt die Staatsgewalt gegenüber dem einzelnen.[48]
Dieses „Bild" passt heute jedoch nicht mehr. Angesichts der Europäischen Integration und Globalisierung, der immer dichter vernetzten Welt relativiert sich die Staatlichkeit, und dem modernen Staat fällt es zunehmend schwerer, seiner zentralen Rolle gerecht zu werden. Der Staat wird immer öfter als herkömmliche Organisationsform der politischen Gemeinschaft relativiert und in Frage gestellt. Durchaus zurecht - bedenkt man den Verlust an Glaubwürdigkeit und Problemlösungskompetenz des modernen Staates innerhalb des international immer komplexer werdenden Systems.
Ähnlich wie der Staatsbegriff ist auch der Verfassungsbegriff (notwendigerweise) im Wandel. Er setzt den Staat nicht voraus und ist nicht (mehr) notwendigerweise auf den Staat bezogen.[49] Staat ist nur eine, nicht aber die einzige Form, in der sich die Gesellschaft für die Zwecke des Gemeinwohls organisiert. Aus diesem Grunde muss ein stärker instrumentaler Verfassungsbegriff an die Stelle des verabsolutierenden treten.

Nicht nur die zunehmende Infragestellung des Staates als herkömmliche Organisationsform der politischen Gemeinschaft begründet jene Ansichten, die

---

46 Kirchhof, Paul (1994). Im Rahmen des EU-Forums der EU-Vertretung in Bonn. EU-Nachrichten 18/9 vom 9.5.1994. S. 2.
47 vgl. Dickstein, Michael (1998). a.a.O. S. 43ff.
48 vgl. ebd. S. 44.
49 vgl. ebd. S. 59.

darauf bedacht sind, den Begriff der Verfassung ganz klar von demjenigen des Staates zu trennen, sondern auch jene Meinungen, die davon ausgehen, dass eine so enge Verknüpfung der Begriffe eine unbegründete Abweichung vom juristischen Sprachgebrauch darstellt. Schließlich gehen verschiedene Stimmen soweit, auch die rechtliche Grundordnung internationaler Organisationen als Verfassung zu bezeichnen.[50]

3.2 Völkerrechtliche Verträge

Zum Nachweis der oben angeführten These, dass nicht nur Staaten über eine Verfassung verfügen können, wird oftmals auf die Gründungsverträge verschiedener internationaler Organisationen verwiesen, wie z.B. der UNESCO und der WHO, die wörtlich als „constitution" betitelt werden.
Können wir also davon ausgehen, dass nicht nur die Staaten, sondern auch internationale Organisationen auf einer Art Verfassungswerk als objektiver Rechtsgrundlage beruhen, so bleibt doch stets zu bedenken, dass hier zwei unterschiedliche Verfassungsbegriffe vorliegen. Bei beiden handelt es sich zwar um eine objektive Grundlage einer in sich geschlossenen Rechtsordnung, die demokratische Staatsverfassung stützt sich dabei jedoch unmittelbar auf den Willen des Volkes, währenddessen die UNO-Satzung beispielsweise zwar ihre Präambel mit „We the peoples..." beginnt, im Grunde genommen stellt sie jedoch einen zwischenstaatlichen Vertrag und somit ein Ordnungs- und Kooperationsinstrument der staatlichen Regierung dar. Der Ansatz, dass die Gründungsverträge internationaler Organisationen einer Verfassung gleichkommen, muss auch dadurch eingegrenzt werden, dass, auch wenn im Völkerrecht eine gewisse Rangordnung erkennbar ist, so doch nicht im Größenschluss alle Normen des völkerrechtlichen zu einem positivrechtlichen Verfassungsganzen zusammengefügt werden können.[51]
Um diese Grenze zwischen staatlichen Verfassungen und völkerrechtlichen Rechtsordnungen sichtbar zu machen, müssen bestimmte Bedingungen, Qualifikationen benannt werden, unter denen eine politische Gemeinschaft die Bezeichnung Verfassung verdient. Eine interessante Definitionsmöglichkeit stammt hierbei von Hugo J. Hahn:

„(A constitution) is also an appropriate name for the international act instituting an intergovernmental entity devoted to the pursuit of specific purposes, setting up its principal organes, specifying the relationship of these organes to one other, defining the position of the international organisation vis-

---

[50] Griller, Stefan (1996). Ein Staat ohne Volk? Zur Zukunft der Europäischen Union. IEF Working Paper. Wien: Forschungsinstitut für Europafragen. S. 3.

[51] Thürer, Daniel (2000). Föderalistische Verfassungsstrukturen für Europa. In: Integration 2/2000, Nr. 23, S. 91.

a-vis its Member States and other intergovernmental institutions and non-Member nations." [52]

Schaffen internationale Verträge Kollektivorgane, die einen autonomen Willen besitzen und vertrauen die Staaten ihnen die Verwirklichung bestimmter Ziele an, kommt durchaus eine als Verfassung zu kennzeichnende objektive Ordnung zustande (das Grundgesetz der Organisation). Sie entwickelt zwangsläufig ein Eigenleben, das für eine Weiterentwicklung auf dieser Grundlage sorgt. Aus diesem Grunde muss die vorherrschende begriffliche Koppelung zwischen Staat und Verfassung nicht als zwingend betrachtet werden, denn erfüllt ein Normensystem die bereits oben angeführten Verfassungskriterien - funktioneller, formeller, materiellen sowie urheberschaftlicher Art - so kann es durchaus als Verfassung bezeichnet werden, ungeachtet, ob es sich um einen Staat oder eine internationale Organisation handelt. Zu berücksichtigen bleibt hierbei jedoch stets der autonome bzw. eigene verfassungsrechtliche Charakter der Rechtsordnung einer internationalen Organisation, welcher nicht bzw. nur begrenzt mit jener einer Staatsverfassung zu vergleichen ist.

In diesem Sinn gilt es nunmehr zu überprüfen, inwieweit auch das Primärrecht der Europäischen Union als Verfassung bezeichnet werden kann bzw. zumindest spezielle verfassungsmäßige Charakteristika aufzuweisen hat. Dabei dienen die EU-Grundverträge, sowie die im Laufe der Integrationsgeschichte eingebrachten Verfassungsentwürfe von Seiten des Europäischen Parlaments bzw. anderer europäischer Organe als Untersuchungsgrundlage. Um der Aktualität des Themas genüge zu tun erscheint es ebenso notwendig die Charta der Grundrechte der EU auf ihre verfassungsmäßige Bedeutung für die EU zu überprüfen.

4. Bisherige Elemente und Vorschläge für eine EU-Verfassung

Eine der am intensivsten diskutierten Fragen, vor allem in der rechtswissenschaftlichen Integrationsforschung ist, ob die europäischen Verträge zusammen als eine Art der Verfassung der Europäischen Union anzusehen sind. Die Europäische Verfassung ist zum juristischen, aber auch zum politischen Thema geworden, bald fünfzig Jahre nach der Gründung der Europäischen Gemeinschaft für Kohle und Stahl.

Gerade in letzter Zeit hat die Thematik einer möglichen Europäischen Verfassung wieder stark an Brisanz und Aktualität gewonnen. Joschka Fischer schlägt als deutscher Außenminister in seiner Rede vor dem Europäischen Parlament vor, eine Europäische Verfassung zu entwickeln, um somit die

---

52 Hahn, Hugo J. (1963). Constitutional Limitations in the Law of the European Organisations. Leyden: Sifthoff. S. 195ff.

„Finalität" der europäischen Integration - eine Europäische Föderation - zu erreichen.

„Die Vorstellung von der gemeinsamen europäischen Zukunft, von der Finalität Europas, ist heute diffus. Hier könnte eine Diskussion um die Verfasstheit Europas Klarheit und Orientierung schaffen."[53]

Dabei plädiert Fischer dafür, sich von dem rechtlichen Verständnis von Verfassung freizumachen und unter einer Verfassung *„eher eine Zusammenstellung der Werte und der Grundprinzipien europäischen Zusammenlebens(...) zu begreifen."*[54]

Ebenso plädiert der deutsche Richter am Europäischen Gerichtshof von Luxemburg - Günter Hirsch - für einen europäischen Verfassungsvertrag[55] und der deutsche Bundespräsident Johannes Rau für *„eine föderale Verfassung für Europa"*.[56] In der Literatur hingegen wurde und wird die von Verfassungsrichter Dieter Grimm aufgeworfenen Frage diskutiert, ob Europa denn überhaupt eine Verfassung brauche.[57]

Das Bundesverfassungsgericht (BRD) stellte im Jahre 1967 im Zuge einer Verfassungsbeschwerde gegen zwei Verordnungen der EG fest, dass der EWG-Vertrag *„gewissermaßen die Verfassung dieser Gemeinschaft"* darstellt.[58]

Etwa zwanzig Jahre später bezeichnete der Europäische Gerichtshof die Verträge der Europäischen Union als die *„Verfassungsurkunde der Gemeinschaft"*.[59] Die Zurückhaltung beider Aussagen ist deutlich erkennbar, und zwar schon allein durch die Verwendung von „verhaltenen" Begriffen wie „gewissermaßen" und „Verfassungsurkunde"; es wird im Zusammenhang mit dem EU-Vertragswerk nicht schlicht und vorbehaltlos von „der Verfassung" gesprochen. In der Rechtspraxis und auch in der heute überwiegend vertretenen Lehre des Europarechts hat es sich jedoch eingebürgert, die geltenden Gemeinschaftsverträge über ihren völkerrechtlichen Ursprung hinaus als „Verfassung der Gemeinschaft" zu bezeichnen.[60]

---

53 vgl. Fischer, Joschka. Rede vor dem Europäischen Parlament am 12.01.1999. S. 1-9.

54 vgl. ders. S. 2.

55 vgl. Hirsch, Günter (2000). EG - Kein Staat, aber eine Verfassung. In: Neue Juristische Wochenschrift 6, Nr. 47, S. 23-45. S. 46.

56 vgl. Rau, Johannes (1999). Die Quelle der Legitimation deutlich machen. Eine föderale Verfassung für Europa. In: Frankfurter Allgemeine Zeitung 11/1999, Nr. 257, S. 16.

57 Grimm, Dieter (1995). Braucht Europa eine Verfassung? In: Rack, Reinhard. (Hrsg.). Eine Verfassung für Europa. Graz: Forschungsinstitut für Europarecht. S. 11-15.S. 12.

58 BVerfGE 22, 293 (296), entnommen bei Höreth, Marus (1999). Die Europäische Union im Legitimitätstrilemma. Baden-Baden: Nomos Verlagsgesellschaft. S. 172.

59 Gutachten 1/91 zum EWR-Vertrag, Abl 1992 C 110/21 entnommen bei Stein, Torsten (1995). Die europäische Verfassungsdiskussion. In: Rack, Reinhard (1995). Eine Verfassung für Europa. Graz: Forschungsinstitut für Europarecht. S. 17.

60 vgl. Bieber, Roland/Schwarze, Jürgen (1984). a.a.O. S. 19.

Auf der anderen Seite stehen jene Stimmen, die den Begriff der Verfassung für die Europäische Union grundsätzlich ablehnen, allen voran zwei bedeutende frühere Richter am deutschen Bundesverfassungsgericht. Paul Kirchhof sieht durch eine europäische Verfassung die Verbindlichkeit der nationalen Verfassungen in Gefahr und hält es deshalb für *„so wichtig, dass wir nicht von einer Verfassung sprechen, weil nur so die Verbindlichkeit der erprobten Verfassungsordnungen, die ihren Beitrag zur europäischen Integration leisten, aufrecht erhalten bleibt."*[61] Für Dieter Grimm erscheint die Europäische Union durchaus „verfasst", aber im Unterschied zu den Mitgliedstaaten nicht durch eine Verfassung, sondern durch die Verträge.

„Nicht Europa gibt sich eine Grundordnung, sie wird ihr vielmehr von den Mitgliedstaaten gegeben."[62]

Anhand dieser verschiedenen angeführten Stellungnahmen zur Thematik der Europäischen Verfassung ist eine gewisse Ambivalenz deutlich erkennbar. Weder Europarechtler noch Europapolitiker sowie diverse Wissenschaftler auf diesem Gebiet sind sich darüber einig, ob das Vertragswerk der EU als Verfassung bezeichnet werden kann und - falls nicht - ob denn die Union eine Verfassung überhaupt brauche.

Im folgenden Teil meiner Arbeit wird deshalb nun das Primärrecht der EU, welches sich aus den Verträgen zur Gründung der EGKS, EWG, und EAG, den EG-Verordnungen, sowie aus den Protokollen zu den Gründungsverträgen und den Verträgen zur Änderung der Gründungsverträge - EEA, Vertrag von Maastricht, Vertrag von Amsterdam und dem Vertrag von Nizza (welcher noch nicht in Kraft getreten ist) - zusammensetzt, einer Analyse durch verschiedene formelle sowie materielle Verfassungskriterien unterzogen, um dadurch deren Verfassungsqualität sowie deren verfassungsmäßige Mängel herauskristallisieren zu können.

4. 1. Die europäischen Gründungsverträge als Europäische Verfassung?

„Manches, wenn nicht sogar vieles von dem, was in den Jahren seit Inkrafttreten der Römischen Verträge über die Verfassung oder Verfassungsentwicklung in der Europäischen Gemeinschaft geschrieben wurde, versteht „Verfassung" eher als „Zustand"...[63]

---

61 Kirchhof, Paul (1999). Zu schnelle Vereinheitlichung gefährdet Europa. In: Süddeutsche Zeitung 11/1999, Nr. 275, S. 14.

62 vgl. Grimm, Dieter (1995). a.a.O. S. 11ff.

63 vgl. Stein, Torsten (1995). a.a.O. S. 18.

Seit der Unterzeichnung des ersten Europa-Vertrages über die Gründung der Europäischen Gemeinschaft für Kohle und Stahl im Jahre 1951 hat sich die europäische Einigung durch zahlreiche Verträge ständig weiterentwickelt. Die Römischen Verträge von 1957 zur Gründung der Europäischen Wirtschaftsgemeinschaft und zur Gründung der Europäischen Atomgemeinschaft, die Einheitliche Europäische Akte (1987), der Vertrag von Maastricht über die Europäische Union (1993), der Amsterdamer Vertrag (1997) sowie letztendlich der, noch nicht in Kraft getretene, Vertrag von Nizza (2001) haben ein umfangreiches europäisches Vertragswerk geschaffen, das zu einer komplexen und unübersichtlichen Paragraphensammlung angewachsen ist.
Hinzu kommen die Ratifizierungstexte aus vier Erweiterungsrunden, durch die sich die Union von sechs auf bisher fünfzehn Mitgliedstaaten vergrößert hat, EG-Verordnungen sowie die laufende Rechtssprechung des Europäischen Gerichtshofs. Nun stehen der Union die Aufnahme neuer Mitglieder ins Haus. Die neuen Verträge könnten dabei zu einer noch größeren Unübersichtlichkeit des bereits bestehenden Primärrechts der EU führen.
Das Vertragswerk der Europäischen Union befindet sich in einem Prozess ständiger Entwicklung und Veränderung, sodass man durchaus von einer „Verfassungsentwicklung" sprechen kann, wenn denn die EU tatsächlich eine Verfassung besitzen sollte.

Zweifellos besitzt die Union keine Verfassung im staatsrechtlichen Sinne, da die Gemeinschaft kein Staat war und die Union kein Staat ist. Die EU stellt in ihrer derzeitigen Form keinen Staat dar, besitzt aber durchaus Züge von Staatlichkeit. Trotzdem verfügt die EU weder über die Staatlichkeit ihrer Mitgliedstaaten noch über deren Verfassungsordnung, sie besitzt zudem auch nicht die Befugnis ihre Kompetenzen nach eigenem Ermessen zu erweitern.
Jedoch muss der Verfassungsbegriff, wie bereits festgestellt, nicht notwendigerweise an vorhandene bzw. im Falle der EU an „nichtvorhandene" Staatlichkeit gebunden sein. Hans-Peter Ipsen forderte bereits 1970 die *„Verfassungsthematik der europäischen Integration zu befreien aus der Enge normativ-juristischen Modell-, Analogie- und Kongruenzdenkens deutscher Bundesstaatstradition."*[64]
Der so „befreite" und auch „europafähig" gewordene Verfassungsbegriff schafft dabei den nötigen Raum für eine europäische Verfassungsdiskussion.
Im Folgenden sollen nun einige wesentliche verfassungsmäßige Charakteristika des Primärrechts der Union verdeutlicht werden, um im Anschluss daran eine Gesamtbewertung der Verfassungsmäßigkeit des EU-Vertragswerks vornehmen zu können.

---

64 vgl. Ipsen, Hans-Peter (1970). Verfassungsperspektiven der Europäischen Gemeinschaft. Berlin: de Gruyter Verlag. S. 9.

4.1.1 Verfassungsqualitative Elemente der Verträge

Die durch die Verträge entstandene Rechtsordnung auf europäischer Ebene weist zwar nicht in ihrer Gesamtheit, aber mit Sicherheit als „Teilverfassung" in mancher Hinsicht verfassungsqualitative Momente auf.[65] Den theoretischen Durchbruch haben wir hierbei unter anderem den Ansichten Peter Häberles und seiner kulturellen Verfassungstheorie zu verdanken.
Ausgehend von der Prämisse, dass der europäische Integrationsprozess als kultureller Prozess zu begreifen ist, geht Häberle den Mittelweg zwischen jenen, die in den Europäischen Gründungsverträge bereits eine Europäische Verfassung erblicken, und jenen, die eine verfassungskonzeptionelle Annäherung an die Europäische Unionsgrundordnung grundsätzlich ablehnen. Ausgehend von der Annahme, dass Europa kein Verfassungsstaat ist und es deshalb kein europäisches Verfassungsrecht geben kann, erkennt Häberle jedoch die Entstehung und Entwicklung eines anwachsenden *„Ensembles von einzelnen Verfassungsprinzipien, die den verschiedenen nationalen Verfassungsstaaten gemeinsam sind..."*, an.[66]

Im Folgenden wird nun versucht diese speziellen bzw. partiellen Verfassungsqualitäten des EU-Vertragwerks näher darzustellen. Insbesondere wird dabei die Aufmerksamkeit auf den Vertrag von Maastricht gerichtet, da dieser einige Elemente von besonderer verfassungstheoretischer Bedeutung aufzuweisen hat.

4.1.1.1 Normqualität der Verträge

Die Normqualität der Unionsverträge bzw. deren allgemein anerkannte und als verbindlich geltende Regelungen für das menschliche Zusammenleben sind deutlich in den Texten der Gründungsverträge erkennbar.

Vor allem der Vertrag von Maastricht enthält in seinem Art. 6 klare Vorstellungen über die Normqualität der europäischen Vertragsebene:

Art. 6 (1): *„Die Union beruht auf den Grundsätzen der Freiheit, der Demokratie, der Achtung der Menschenrechte und Grundfreiheiten sowie der Rechtsstaatlichkeit; diese Grundsätze sind allen Mitgliedstaaten gemeinsam."*

Art. 6 (2): *„Die Union achtet die Grundrechte, wie sie in der am 4. November 1950 in Rom unterzeichneten Europäischen Konvention zum Schutze der*

---

65 vgl. Tsatsos, Dimitris (2000). Zum Prinzip einer gemeineuropäischen Verfassungsverantwortung. In: Pahl, Marc-Oliver (Hrsg.). Grundfragen der europäischen Verfassungsentwicklung. Baden-Baden: Nomos Verlagsgesellschaft. S. 117-142. S. 127.

66 vgl. Häberle, Peter (1997). a.a.O. S. 37ff.

Menschenrechte und Grundfreiheiten gewährleistet sind und wie sie sich aus den gemeinsamen Verfassungsüberlieferungen der Mitgliedstaaten als allgemeine Grundsätze des Gemeinschaftsrechts ergeben."[67]

Der EUV enthält in seinem Textwerk also die Feststellung, dass das gemeinschaftseuropäische Verfassungsrecht aus dem Unionsrecht und somit auch aus den Europäischen Verträgen herauswächst.[68] Auf die Bestimmungen des Vertrags von Maastricht und deren verfassungstheoretische Bedeutung soll in einem der folgenden Abschnitte noch näher eingegangen werden.

4.1.1.2 Begrifflich-terminologische Widerspiegelung im Vertragstext

Jene oben angeführte norminhaltliche Ähnlichkeit zwischen nationalstaatlichen Verfassungen und europäischen Verträgen macht es verständlich, dass der Vertragstext der EU viele seiner verwendeten Begriffe aus der Sprachkultur der klassischen nationalstaatlichen Verfassungslehre übernommen hat.[69]

„Die Union beruht auf den Grundsätzen der Freiheit, der Demokratie, der Achtung der Menschenrechte und Grundfreiheiten sowie der Rechtstaatlichkeit; diese Grundsätze sind allen Mitgliedstaaten gemeinsam."[70]

Begriffe wie Demokratie, Freiheit, Menschenrechte usw. ähneln sehr stark der Ausdrucksweise bzw. der Sprachkultur nationaler Verfassungen. Natürlich sind in diesem Zusammenhang auch Unterschiede feststellbar, so wie beispielsweise die Abneigung gegen den Gesetzesbegriff bzw. das Umgehen desselben innerhalb des EU-Vertragwerkes und die damit verbundene Verwendung eigener Termini für die verschiedenen Akte der Gemeinschaftsgesetzgebung.

Die zwar in einem bestimmten Umfang vorhandene terminologische Konformität zwischen den EU-Verträgen und einer Staatsverfassung darf nicht *„über die Wesentlichen Nuancen hinwegtäuschen, die jene Termini inhaltlich bei ihrer Übertragung auf die Unionsebene erhalten müssen, um das institutionell Gemeinte im Kontext der Integrationslogik präzise auszudrücken."*[71]

---

67 EU-V (1993) Art. 6. (ex-Art. F).
68 vgl. hierbei auch Häberle, Peter (1997). a.a.O. S. 37ff.
69 vgl. Tsatsos, Dimitris (2000). a.a.O. S. 130ff.
70 vgl. EU-V (1993) Art. 6 (ex-Art. F).
71 Tsatsos, Dimitris (2000). a.a.O. S. 130-131.

4.1.1.3 Geltungsgrund der Verträge

„Die Geltung einer Verfassung ist räumlich und zeitlich im jeweiligen Hoheitsgebiet unbegrenzt.“[72]
Ihre Anpassung hat lediglich den historischen Wandel- und Entwicklungsprozessen zu folgen. Auf europäischer Ebene verhält es sich mit den Gemeinschaftsverträgen überwiegend genauso. Sie sind auf unbestimmte Zeit geschlossen[73] und den Mitgliedstaaten steht kein Sezessionsrecht d.h. das Recht zur Absonderung vom europäischen Gemeinschaftsrecht zu.[74] Die Gemeinschaftsverträge der EU überschreiten also durchaus den Geltungsgrund, der ihnen ursprünglich durch die Ermächtigungsnormen der nationalen Verfassungen zugesprochen wurde, und erreichen eine unabhängige Verfassungsqualität hinsichtlich dieses Charakteristikums.

4.1.1.4 Einfluss auf nationale Verfassungen

„Ganz wesentliche verfassungsqualitative Momente ergeben sich aus der institutionellen Vertiefung und der Kompetenzzunahme der Europäischen Union, vor allem nach dem Maastrichter und dem Amsterdamer Vertrag.“[75]

Die Kompetenzen, welche die Mitgliedstaaten hierbei auf die Gemeinschaftsorgane übertragen haben, stellen umfangreiche Politikbereiche dar. Zudem erhielt der europäische Bürger einen zusätzlichen Unionsstatus, wodurch ihm neue Grundrechte und auch zusätzliche politische Mitwirkungsrechte zugesprochen wurden.[76]
Die Unionsverträge enthalten somit durchaus Regelungen, die in der Verfassungskultur Europas nationalrechtlichen Normen entsprechen und die wegen ihres Gegenstandes Verfassungsrang haben. Die Verträge der Europäischen Union prägen damit in einem nicht unerheblichen Umfang die mitgliedstaatlichen Verfassungsordnungen. Festzuhalten bleibt, dass ein dialektisches Verhältnis zwischen der nationalen und der europäischen Verfassungsebene besteht. So bewirkt etwa jede Änderung des EU-Vertragswerkes und damit der Fortschritt der Integration zugleich eine materielle Verfassungsänderung auf nationaler Ebene, ohne dass diese dabei notwendigerweise textlich zum Ausdruck kommen muss.[77] Daraus folgt eine merkliche Beschränkung der

---

72 Ebd. S. 131.
73 Eine Ausnahme bildet der EGKS-V (Art. 97), der im Jahre 2002 ausläuft.
74 vgl. Tsatsos, Dimitris (2000). a.a.O. S. 131ff.
75 Ebd. (2000). S. 129.
76 vgl. EG-V (1957) Art. 17-22 (ex-Art. 8-8e).
77 vgl. Pernice, Ingolf (2000). Kompetenzabgrenzung im Europäischen Verfassungsverbund. S. 1-13. S. 3ff.

Verfassungsautonomie der Mitgliedstaaten. Im Hinblick auf beide Verfassungsebenen, der europäischen „Teilverfassung“ und der nationalen Verfassungesebene wäre eine Europäische Verfassung als eine Art „Komplementärverfassung“ zu verstehen, die als Gesamtsystem von nationalen Verfassungen und Primärrecht der EU, sozusagen als „Europäisches Verfassungsdach“ angesehen werden könnte.

4.1.1.5 Verträge als Grundordnung

Die Form der Verfassung und dem gemäß die Form allfälliger Verfassungsänderungen unterscheidet die „Europäische Teilverfassung“ von den Verfassungen des Nationalstaates. Wie bereits erwähnt, bezeichnete der Europäische Gerichtshof die Verträge der Europäischen Union als die *„Verfassungsurkunde der Gemeinschaft“*.[78] Die Verfassung eines Staates tritt in Form eines Textkorpus zutage, der sozusagen das staatliche Organisationsstatut darstellt.[79] Die Europäische Verfassung hingegen folgt weniger dem Modell eines Organisationsstatus als vielmehr jenem eines Vertragswerks, welches bereits in der äußeren Form unverkennbar ist.
Dieser Charakter eines Vertragswerks hat auf europäischer Ebene einige Vorteile zu verzeichnen, schließlich entspricht er der besonderen Dynamik und Flexibilität des europäischen Integrationsprozesses.

4.1.1.6 Besonderheiten der Verfassungsgebung

Eine weitere offensichtliche Eigenart der europäischen Verfassung spiegelt sich in der Besonderheit der Verfassungsgebung wider. Während eine Staatsverfassung in einem überschaubaren Prozess entwickelt und angenommen wird, der verkürzend als ein punktueller Akt der Verfassungsgebung betrachtet werden kann, ist die „Europäische Verfassung“ ein Regelwerk, das bisher schon auf eine lange Geschichte zurückblickt und das - soweit absehbar - noch eine lange Geschichte haben wird.[80] Es ist offensichtlich nicht angemessen, die Verfassungsgebung auf europäischer Ebene als konstitutiven Akt zu bezeichnen, vielmehr handelt es sich, um einen langfristigen Entwicklungsprozess, der zum derzeitigen Zeitpunkt noch nicht abgeschlossen ist.

Diese Hervorhebung der Besonderheit der europäischen Verfassungsebene gegenüber einer klassischen Nationalverfassung scheint auch dann richtig zu sein, wenn man berücksichtigt, dass auch im Nationalstaat die Punktualität der

---

[78] vgl. Fischer, Joschka (1999). a.a.O. S. 4f.
[79] vgl. Morlok, Martin (2000). a.a.O. S. 83.
[80] vgl. ebd. S. 73ff.

Verfassungsgebung eine zum Teil unrealistische Vorstellung darstellt.[81] Trotzdem erscheint die bewusste Vorläufigkeit der europäischen Vertragswerke, die auf Fortschreibung angelegt sind, eine hinreichend große Differenz zum üblichen Verfassungsdenken, um hier erwähnt zu werden.
Im Folgenden soll nun im speziellen auf den Vertrag von Maastricht aus dem Jahre 1993 eingegangen werden, da dieser in der Verfassungsentwicklung der EU von besonderer Bedeutung ist.

4.2. Der Vertrag von Maastricht als Verfassung?[82]

Der Vertrag von Maastricht (EUV) als Vertrag zur Änderung der bestehenden Verträge ist, wie bereits eingangs erwähnt, am *„ehesten als die Verfassung der Union anzusehen"*[83], und das wohl aus dem Grunde, da er drei wesentliche Elemente von verfassungstheoretischer Bedeutung enthält: die Achtung der Grundrechte, das Prinzip der Subsidiarität und die Unionsbürgerschaft.[84]

4.2.1 Grundrechte

Die Hauptorgane der Gemeinschaft bekannten sich bereits lange vor dem Vertrag von Maastricht dazu, sich bei der Erfüllung ihrer Aufgaben und Ausarbeitung von Befugnissen nach der Achtung der Grundrechte - die wie bereits erwähnt aus den Verfassungen der Mitgliedstaaten und der Europäischen Menschenrechtskonvention hervorgegangen sind - zu richten. Hinzu kam die inhaltliche Ausgestaltung des Grundrechtsschutzes durch die laufende Rechtsprechung des Europäischen Gerichtshofs sowie die Gemeinsame Erklärung des Europäischen Parlaments, des Rats und der Kommission aus dem Jahre 1977.[85]

Der Unionsvertrag (EUV) enthält in Artikel 2 über die Zielsetzung der Union als Bestimmung *„die Stärkung des Schutzes der Rechte und Interessen der Angehörigen ihrer Mitgliedstaaten durch Einführung der Unionsbürgerschaft."* Interessant erscheint dieser Artikel vor allem deswegen, da erstmals die Schaffung einer direkten Beziehung zwischen Union und Bürgern als Individuen vorgenommen wird. Auch wenn der Wortlaut des Artikels lautet *„... Interessen der Angehörigen ihrer Mitgliedstaaten..."*, so wird doch die direkte Beziehung Bürger - Union angesprochen und nicht wie zuvor vom Bürger als Arbeitnehmer

---

81 vgl. ebd. S. 82.
82 stark angelehnt an Hartwig, Christiana (1997). Demokratietheoretische Analyse der Europäischen Union. Salzburg: PW-Diplomarbeit. S. 124ff.
83 vgl. Hilf, Meinhard (1995). a.a.O. S. 32.
84 vgl. Hartwig, Christiana (1997). a.a.O. S. 124.
85 vgl. Hartwig, Christiana (1997). a.a.O. S. 124.

oder Produktionsfaktor ausgegangen.[86] Die Rechte der Individuen als solche werden in dem bereits erwähnten Artikel 6 II betont, der sich auf die EMRK und auf die Verfassungstraditionen der Mitgliedstaaten beruft. Mit diesem Artikel wurde die Achtung des Grundrechtsschutzes in das geschriebene Primärrecht der Union aufgenommen.[87]

4.2.2 Subsidiarität

Indirekt ist der Subsidiaritätsgedanke bereits in den Römischen Verträgen anzutreffen, etwa in Art. 235 EWGV (Erlass von Vorschriften für unvorhergesehene Fälle), aber auch in Verknüpfung von Art. 113 (Gemeinsame Handelspolitik) und Art. 115 (Maßnahmen zur Behebung von Schwierigkeiten), wobei diese Artikel nach dem „Effektivgrundsatz" als Maßstab der vertikalen Kompetenzverteilung zwischen Gemeinschaft und Mitgliedstaaten angewandt wurden und nicht als ursprüngliches „Notwendigkeitskriterium".[88]
Der Artikel 3 II EGV betrifft die Ausübung von Macht und die Frage nach der Macht- bzw. Kompetenzaufteilung zwischen der EG und den Mitgliedstaaten. In dieser Frage befindet sich bereits eine erste Einschränkung des Subsidiaritätsprinzips, da regionale und lokale Regierungsebenen, ganz zu schweigen von intergouvernementalen Organisationen und dem Einzelnen, keine Berücksichtigung finden.
Der Artikel 5 des EG-Vertrages definiert den Anwendungsbereich des Subsidiaritätsprinzips folgendermaßen:

„In den Bereichen, die nicht in ihre ausschließliche Zuständigkeit fallen, wird die Gemeinschaft nach dem Subsidiaritätsprinzip nur tätig, sofern und soweit die Ziele der in Betracht gezogenen Maßnahmen auf Ebene der Mitgliedstaaten nicht ausreichend erreicht werden können und daher wegen ihres Umfangs oder ihrer Wirkungen besser auf Gemeinschaftsebene erreicht werden können."

Auch in diesem Artikel befindet sich eine wesentliche Einschränkung, da die Gemeinschaft nur in jenen Bereichen nach dem Subsidiaritätsprinzip tätig wird, die nicht in ihre ausschließliche Zuständigkeit fallen. Der Artikel trägt jedoch nicht zur Klärung bei, auf welche Bereiche dies nun wirklich zutrifft, denn er enthält keine präzisen Bestimmungen über ausschließliche bzw. nicht ausschließliche Zuständigkeitsbereiche der Gemeinschaft.

---

86 vgl. Wincott, David (1994). Is the treaty of Maastricht an adequate „Constitution" for the European Union? In: Public Administration 4/1994, Nr. 72, S. 573-590. S. 576.
87 vgl. Hartwig, Christiana (1997). a.a.O. S. 125.
88 vgl. ebd. S. 128f.

Die Präambel des Vertrags von Maastricht sieht folgendes vor (Artikel 1 II): *„Dieser Vertrag stellt eine neue Stufe bei der Verwirklichung einer immer engeren Union der Völker Europas dar, in der die Entscheidungen möglichst offen und möglichst bürgernah getroffen werden.“* Weiter wird in Artikel 2 im letzten Absatz festgehalten, dass die *„Ziele der Union unter Beachtung des Subsidiaritätsprinzips... verwirklicht werden.“*

Zu erwähnen ist hierbei, dass der Europäische Gerichtshof keine Rechtsprechung über die gemeinsamen Bestimmungen besitzt. Somit kann die Erhebung des Subsidiaritätsprinzips zu einem allgemeinem Merkmal der Union nur als politisches, jedoch nicht als rechtliches Prinzip betrachtet werden.[89] Dadurch wird zwar deutlich, dass das Subsidiaritätsprinzip eine wesentliche Rolle bei der Zuweisung und bei der Aufteilung der Kompetenzen zwischen der Gemeinschaft und den Mitgliedstaaten spielen kann und somit durchaus auch in einer konstituierenden Phase der EU - diese Rolle wird jedoch eher politisch als juristisch sein. So klar das Subsidiaritätsprinzip ist, so schwierig ist seine Anwendung im konkreten Einzelfall, wenn es gilt, festzustellen, ob die Notwendigkeit zu einer Kompetenzübertragung von der kleineren auf die höhere Gemeinschaft gegeben ist oder nicht. Das Subsidiaritätsprinzip erscheint aus diesem Grunde konkretisierungsbedürftig, um seine unmittelbare Wirksamkeit entfalten zu können. In Zukunft wird die Effektivität des subsidiären Prinzips großteils davon abhängen, ob der EuGH dieses als Gegenstand seiner richterlichen Entscheidungen berücksichtigen wird.[90] Im jetzigen Stadium handelt es sich eher um eine Vorsichtsmaßnahme, eine Art konstitutionelle „rule of reason“, deren Funktion weniger darin besteht, die jeweiligen Kompetenzen der Union und der Mitgliedstaaten zu begrenzen - als vielmehr darin - Gemeinschaftskompetenzen zu legitimieren.[91]

4.2.3 Unionsbürgerschaft

In den Artikeln 8-8e des EG-Vertrages sind die Bestimmungen über die Unionsbürgerschaft enthalten, die jeder besitzt, der Staatsangehöriger eines Mitgliedstaates ist. Unionsbürger haben grundsätzlich das Recht, sich im Hoheitsgebiet der Mitgliedstaaten frei zu bewegen und aufzuhalten. In Artikel 8b wird jedem Unionsbürger, der seinen Wohnsitz in einem Mitgliedstaat hat,

---

[89] vgl. Christiana, Hartwig (1997). a.a.O. S. 131.

[90] vgl. ebd. S. 132.

[91] vgl. Constantinesco, Vlad (1998). Subsidiarität: Zentrales Verfassungsprinzip für die Politische Union. In: Hrbek,Rudolf/Jopp,Mathias/Lippert,Barbara/Wessels,Wolfgang (Hrsg.). Die Europäische Union als Prozeß. Verfassungsentwicklungen im Spiegel von 20 Jahren der Zeitschrift INTEGRATION. Bonn: Europa Union-Verlag. S. 339-355. S. 349.

dessen Staatsangehörigkeit er nicht besitzt, das aktive und passive Wahlrecht bei Kommunalwahlen sowie bei den Wahlen zum Europäischen Parlament eingeräumt.

Zudem genießt jeder Unionsbürger bei einem Aufenthalt in Drittstaaten den diplomatischen Schutz jedes anderen Mitgliedstaates, wenn das Mitgliedsland, dessen Staatsangehörigkeit er besitzt, in dem betreffenden Drittstaat nicht vertreten ist. Unionsbürger besitzen das Petitionsrecht beim Europäischen Parlament und können sich an den Bürgerbeauftragten wenden, der vom EP ernannt wird (Art.)138e EG-V). Der Vertrag von Maastricht hat dem bis dahin geltenden Status der Staatsbürger der Mitgliedstaaten in der Gemeinschaft nur wenig hinzugefügt. Betrachtet man den Sachverhalt, der durch die Rechte der Unionsbürgerschaft geschaffen wurde, so besitzt der Begriff „Bürgerschaft" in erster Linie einen symbolischen Wert. Der Terminus „Bürgerschaft" bezieht sich in der EU nicht wie in den Mitgliedstaaten auf die sogenannten „Bürgerrechte", sondern vielmehr auf „freedom of movement", woraus sie sich herauskristallisiert haben. [92] Durch das Fehlen eines bindenden Begriffs für die neue europäische „Bürgerschaft" ist es unklar, welche Rechte und Pflichten nun tatsächlich mit der „Unionsbürgerschaft" verbunden sind. Betrachtet man die Partizipationsmöglichkeiten des Unionsbürgers am öffentlichen Leben der EU, so muss man feststellen, dass diese in erheblichem Maße rückständig sind: die Schwäche des direkt gewählten Europäischen Parlaments und die nahezu Unmöglichkeit eines direkten Zugangs zu den Europäischen Gerichten.

Doch der wohl schwerwiegendste Mangel besteht darin, dass es so etwas wie eine „europäische Öffentlichkeit", in welcher der Unionsbürger am politischen Diskurs teilnehmen kann, nur in sehr unterentwickeltem Maße bzw. überhaupt nicht gibt.[93]

4.2.4 Bewertung

Wie bereits erwähnt, werden die europäischen Gründungsverträge sowie auch die Erweitungsverträge als das Primärrecht der Union bezeichnet, wodurch sie jedoch noch nicht automatisch als rechtsstaatliche Verfassung angesehen werden können. Auch der Vertrag von Maastricht unterscheidet sich in vielfacher Hinsicht von der Verfassung demokratischer Nationalstaaten. Er besitzt jedoch - ebenso wie das übrige Vertragswerk der Union - gewisse verfassungsmäßige Elemente, welche jedoch wiederum durch erhebliche Mängel gekennzeichnet sind, so wie etwa die Regelung der Bürgerrechte und -freiheiten, welche nicht ausreichend definiert und unterentwickelt sind. So werden zwar die Grundrechte als allgemeine Prinzipien des Gemeinschaftsrechts angesehen (Art. 6 II),

---

[92] vgl. Hartwig, Christiana (1997). a.a.O. S. 127.

[93] vgl. ebd. S. 127f.

doch unterliegen diese nicht der Jurisdiktion des EuGHs. Auch das im Maastrichter Vertrag verankerte Subsidiaritätsprinzip weist wesentliche Mängel auf und stiftet mehr Verwirrung als Klarheit, wenn es um die Kompetenzverteilung zwischen EU und Mitgliedstaaten geht. Beruft man sich auf das Maastricht-Urteil des deutschen Bundesverfassungsgerichts, so sind die Mitgliedstaaten als die „Herren der Verträge“ anzusehen, wobei den Völkern der Mitgliedstaaten hierbei keine verfassungsgebende Gewalt zukommt. Ferner entzieht der Vertrag von Maastricht mit Hilfe des Artikels L dem Europäischen Gerichtshof die Rechtsprechung über viele der „Gemeinsamen Bestimmungen“. Somit kann der Zweck einer Verfassung, die Machtkontrolle und rechtliche Bindung politischer Herrschaft innerhalb eines Systems, durch den EUV nicht ausreichend erfüllt werden, da große Politikbereiche außerhalb der „Verfassung“ und somit außerhalb der Jurisdiktion des EuGHs liegen.[94] Zudem leidet der Vertrag von Maastricht unter juristisch nicht eindeutigen Formulierungen und gibt dem EuGH dadurch die Möglichkeit zusätzlicher Interpretation, wodurch der EuGH in eine politische Position gestellt wird, die der Grundfunktion der Judikative, nach dem Gewaltenteilungsprinzip widerspricht.[95]
Geht man im Zusammenhang mit dem EUV vom rechtsstaatlichen Verfassungsverständnis aus, so kann man den Vertrag von Maastricht mit Sicherheit nicht als die „Verfassung der Union“ bezeichnen. Nichtsdestotrotz darf man die Ansätze einiger verfassungstheoretisch bedeutsamen Grundsätze im EUV nicht ausser Acht lassen, welche durchaus als verfassungsmäßige Momente des Vertragswerks zu berücksichtigen sind.

5. Verfassungsentwürfe des EP (bzw. europäischer Organe)

Dass sich das Europäische Parlament (EP) nicht der Strategie des Gerichtshofs der Europäischen Gemeinschaften anschließt und in den grundlegenden Bestimmungen des EU-Vertragwerks keine ausreichende Verfassungskonstruktion erkennen kann, wird insofern deutlich, als dass das EP im Laufe der Geschichte der EG/EU schon des öfteren ein ausdrücklich konstitutives Dokument gefordert hat.[96] Durch regelmäßig verabschiedete Entwürfe für ein oberstes Regelwerk auf europäischer Ebene zielte das EP für sich selbst auf eine bestimmte Rolle im Institutionengefüge der EU ab, wobei dem Parlament als inhaltliches Argument dafür zumeist die zunehmende Unübersichtlichkeit des

---

94 vgl. Christiana, Hartwig (1997). a.a.O. S. 133ff.

95 vgl. ebd. S. 134f.

96 vgl. Ronge, Frank (1998). Legitimität durch Subsidiarität? Der Beitrag des Subsidiaritätsprinzips zur Legitimation einer überstaatlichen Ordnung in Europa. Baden-Baden: Nomos Verlagsgesellschaft. S. 184.

Primärrechts zur Hilfe kam.[97] Die Vorschläge des Parlaments waren hierbei zwar als Verfassungsgebung konzipiert, jedoch inhaltlich als bewusste Fortführung der Gemeinschaftsstrukturen geplant, da nichts umgestürzt werden sollte.[98]
Im Folgenden sollen einzelne Entwürfe für eine Europäische Verfassung untersucht werden, wobei anhand der zeitlichen Abfolge mit dem Projekt der Europäischen Verteidigungsgemeinschaft von 1953 begonnen wird und anschließend der „Spinelli"-Entwurf von 1984 sowie der EVP-Entwurf („Luster-Entwurf") von 1988 und die „Herman-Verfassung" aus 1993 folgen werden. In der Darstellung der Entwürfe geht es nicht nur um deren Inhalte, Besonderheiten und Mängel, sondern vor allem auch um deren Auswirkung und Einflussnahme auf die weiteren Vertragsrevisionen der EU.

5.1 EPG-Verfassungsentwurf - 1953

Der Verfassungsentwurf über eine Einheitliche Politische Gemeinschaft (EPG) entstand im Windschatten der Vorbereitungen zur Europäischen Verteidigungsgemeinschaft (EVG), dem lange Zeit am weitest entwickelten Integrationsmodell auf dem militärischen Sektor.
Der EPG-Verfassungsentwurf sah seine Aufgabe bewusst nicht nur in der Fusion der militärischen und politischen Führung, sondern er sah seine Organisation als Bestandteil eines später bundesstaatlichen oder staatenbündischen Gemeinwesens. Dieses Gemeinwesen sollte der Gewaltenteilung entsprechen und mit einem Zweikammersystem ausgestattet sein.[99] Zur Konkretisierung dieser Vorstellungen wurde eine Ad hoc-Versammlung mit der Ausarbeitung eines Verfassungstextes beauftragt.[100]
Dieser Verfassungsentwurf sah vor, eine Europäische Gemeinschaft übernationalen Charakters zu entwickeln (Art.1). Der Entwurf orientierte sich dabei stark an den Grundsätzen des parlamentarischen Verfassungsstaates, wobei das föderative Element durch eine zweite Kammer des Parlaments repräsentiert und durch die Parlamente der Mitgliedstaaten beschickt werden sollte.[101]

---

97 vgl. Hilf, Meinhard (1995). a.a.O. S. 34f.

98 vgl. Bieber, Roland (1995). Verfassungsgebung und Verfassungsänderung in der Europäischen Union. In: ders./Widmer, Peter (Hrsg.). L'espace constitutionell europeèn. Der europäische Verfassungsraum. The European constitutional area. Zürich: Schult-hess Verlag. S. 313-346. S. 316.

99 vgl. Dickstein, Michael (1998). a.a.O. S. 186.

100 vgl. Neisser, Heinrich (1993). Das politische System der EG. Wien: Verlag Adolf Holzhausen. S. 253ff.

101 vgl. Art. 16 EPG-Verfassung. Ad hoc-Versammlung. Entwurf eines Vertrages über die Satzung der Europäischen Politischen Gemeinschaft vom 10. März 1953. In: Neisser, Heinrich (1993). S. 253-288. S. 264.

Die Mitglieder der ersten Kammer - der sogenannten Völkerkammer - sollten durch allgemeine, unmittelbare und freie Wahlen bestimmt werden.[102] Die Gesetzgebungsbefugnis wäre laut Artikel 52 des Entwurfs beiden Kammern des Parlaments zugefallen, wobei die Regierung, der sogenannte Europäische Exekutivrat, mit der Durchführung der Gesetze der Gemeinschaft beauftragt werden sollte (Art.53).
Besonders auffallend im Verfassungsentwurf ist, dass der Kompetenzbereich der Europäischen Politischen Gemeinschaft weit gefasst ist und neben der Wahrung der Menschenrechte und Grundfreiheiten auch die Koordinierung der Außenpolitik sowie den Abbau von Handelshemmnissen vorsieht (Art. 2).
Anhand der beiden Projekte, der Errichtung der Europäischen Verteidigungsgemeinschaft sowie der Politischen Gemeinschaft, entwickelte sich eine heftige Debatte über die Reichweite der abzutretenden militärischen Befugnisse und ihre Auswirkungen auf die staatliche Souveränität der Mitgliedstaaten. Das endgültige Scheitern der EVG und damit verbunden auch das Scheitern der Europäischen Politischen Gemeinschaft war dennoch weniger auf staatsrechtliche Bedenken zurückzuführen, als vielmehr auf die Skepsis des französischen Parlaments hinsichtlich der militärischen Integration. Grund dafür waren die zu der Zeit geführten Bestrebungen Frankreichs, eine völlig autonome Nuklearstrategie zu führen.[103]
Für die Idee der Verfassungsgebung bedeutete das Scheitern des Projekts einen schweren Rückschlag, da fortan die Integration eine stark ökonomische Richtung einschlug und die politische Verankerung der Rahmenbedingungen für ein gemeinschaftliches Europa dem Fortschritt der wirtschaftlichen Einigung hinterherhinken musste.

5.2 „Spinelli"-Verfassungsentwurf - 1984

Mitte der 80er Jahre entwickelte sich der erste Vorstoß der EU eine Verfassung zu geben, der direkt aus der Straßburger Versammlung kam und auch unter dem Namen „Crocodile-Initiative"[104] bekannt wurde.
Die Gruppe um Altiero Spinelli, einem italienischen EG-Kommissar und späteren Mitglied des Europäischen Parlaments, bildete einen überfraktionellen

---

[102] vgl. EU (1953). Ad Hoc-Versammlung. Entwurf eines Vertrages über die Satzung der Europäischen Politischen Gemeinschaft vom 10.03.1953. In: Neisser, Heinrich (1993). Das politische System der EG. S. 253-288. Art. 13.

[103] vgl. Dickstein, Michael (1998). a.a.O. S. 187f.

[104] Benannt nach dem Ort des Zusammentreffens - einem Lokal in der Straßburger Innenstadt.

Zusammenschluss von an institutionellen Fragen interessierten Europaabgeordneten, welcher kein offizielles Organ des EP darstellte.[105]
Der institutionelle Ausschuss legte im Jahre 1984 einen Verfassungsentwurf mit dem Titel „Vertragsentwurf zur Gründung einer Europäischen Union“ vor, welcher vom Europäischen Parlament mit großer Mehrheit gebilligt wurde.[106]
Der „Spinelli“-Bericht umfasst 47 Hauptartikel (letzter Artikel umfasst 24 Unterartikel zur Grundrechtserklärung), wodurch die Absicht verfolgt wurde, durch eine institutionelle Neubestimmung einen Anstoß für eine verfassungsgebende Entwicklung zu geben. Zu begrüßen ist hierbei zunächst das Anliegen, im Rahmen einer Kodifizierung die Grundlagen des bisher zersplitterten Vertragsrechts in einem kurzen Verfassungstext zusammenzufassen. Der Vorschlag zur Gründung der Europäischen Union enthält zwar keine genauen Angaben zur Definition der Staatsform der Gemeinschaft - es wird ohne genauere Angaben von einer Union gesprochen[107] - er definiert jedoch das Hoheitsgebiet der Union und auch die Konstruktion einer Unionsbürgerschaft[108], wie sie auch im Vertrag von Maastricht festgelegt wurde. Der Entwurf stellt keine massive Umgestaltung des bisherigen Gemeinschaftsrechtsystem dar, sondern baut vielmehr auf der bestehenden Verfassungsordnung auf.[109] Die Union ist aus diesem Grunde auch nicht als eine zusätzliche Gemeinschaft gedacht, sondern als über die bestehenden Gemeinschaften hinausgehende Einheit, die sozusagen deren Tätigkeiten übernimmt.
Was die Institutionen dieser Union anbelangt, so schlägt Spinelli vor, den Ministerrat in einen Rat der Union umzuwandeln und damit ein Zweikammernsystem einzuführen. Dabei soll das Parlament gleichberechtigt mit dem Rat die Gesetzgebung ausüben.[110] Die Parlamentarier dachten sich selbst naturgemäß eine starke Position im institutionellen Gefüge zu, da die Hälfte der Mitglieder des EuGH vom EP nominiert werden sollte.[111] Selbst für den Bereich der Verfassungsänderung war eine egalitäre Mitwirkungsbefugnis des Europäischen Parlaments (Art. 84.) vorgesehen.
Jedoch galt während einer „*Übergangszeit von zehn Jahren der Mechanismus des Luxemburger Kompromisses*“, was bedeutet, dass die Abstimmungen im Rat bei vitalen einzelstaatlichen Interessen beliebig vertagt werden konnten.[112] Was

---

105 vgl. Alber, Siegbert (1994). Die Entwürfe des Europäischen Parlaments für eine europäische Verfassung. Saarland: Europa Institut. S. 13f.

106 Zustimmung von 237 der 311 anwesenden Abgeordneten. vgl. Ronge, Frank (1998). a.a.O. S. 188.

107 vgl. Europäisches Parlament (1984). Vertragsentwurf zur Gründung der Europäischen Union („Spinelli“-Entwurf) vom 14.02.1984. S. 1-45. Art. 1.

108 vgl. ebd. Art. 3.

109 vgl. Dickstein, Michael (1998). a.a.O. S. 190f.

110 vgl. „Spinelli“-Entwurf Art. 36.

111 vgl. ebd. Art. 2.

112 vgl. Art. 23 Abs.III.

die Bestimmungen des Entwurfs über die Grundrechte anbelangt, so bezieht sich Art. 4 des Entwurfs konkret auf den Schutz der Menschenwürde (Grundrechte und Grundfreiheiten), wobei vor allem auf die in den nationalen Verfassungen und in der EMRK verankerten Grundfreiheiten Bezug genommen wurde. Die vorgesehene Unionsbürgerschaft war hingegen noch mit keinen besonderen Rechten verbunden.
Der Verfassungsentwurf bezieht sich weitaus konkreter auf die institutionellen Bestimmungen bzw. auf die Bestimmungen die Politiken der Union betreffend. Ausgehend von der in der Präambel des Entwurfs erwähnten Subsidiaritätsprinzips[113] wurden zahlreiche neue Politiken eingeführt (Art. 47ff.). Hierbei reichen die Aufgaben der Union vom Binnenmarkt mit seinen Freizügigkeiten und den Fristen zu ihrer Verwirklichung (Art. 47), über eine Reihe von spezifisch sektoralen Politiken (Art. 53), über die Sozial-, Gesundheits-, Verbraucher- und Umweltpolitik (Art. 55-59) bis hin zur Bildungs-, Forschungs- und Informationspolitik (Art. 60-62). Auch die Außen- und Sicherheitspolitik der Union ist in den Bericht miteinbezogen (Art. 63ff.), jedoch wurde die hierbei vorgesehene Mitwirkung des EP nicht so stark verankert, „*wie man es eigentlich von einem Entwurf des Parlaments hätte erwarten müssen. Für die intergouvernementale Zusammenarbeit (Art. 67) fehlte sie sogar ganz.*“[114]
Ein weiterer Mangel des „Spinelli-Entwurfs“ besteht darin, dass zwar das Vorhandensein einer europäischen Regionalpolitik festgelegt wurde (Art. 58), dass jedoch keine konkrete institutionelle Mitwirkung der Regionen vorgesehen war.

Erstaunlich bzw. positiv zu bewerten ist jedoch die Möglichkeit, im Falle von Vertragsverletzungen durch die Mitgliedstaaten Sanktionen (Art. 44) gegen diese zu verhängen, wie sie dann erstmals im Vertrag von Amsterdam rechtsgültig vorgesehen waren.[115] Des weiteren als positives Merkmal festzuhalten bleibt auch die Möglichkeit des Europäischen Parlaments, die Sitzfrage der Institutionen zu lösen, falls der Europäische Rat dazu nicht in der Lage sein sollte (Art. 85). Auf weitere Einzelheiten des Vertragsentwurfs soll an dieser Stelle nicht eingegangen werden, vielmehr bleibt festzuhalten, dass dem „Spinelli“-Entwurf zwar der unmittelbare Erfolg verwehrt blieb, er jedoch auf die folgenden Reformen der EEA über den Vertrag von Maastricht bis hin zum Amsterdamer Vertrag mit seinen Reformvorschlägen inhaltlich einwirken konnte. Nicht zuletzt wurden dadurch die Abgeordneten des Europäischen Parlaments in ihrem Vorhaben motiviert, in regelmäßigen Abständen weitere Vorschläge für eine mögliche Europäische Verfassung zu entwickeln und somit ihre Rolle als zukünftige europäische Konstituante wiederholt zu bestärken.[116]

---

113 vgl. ebd. Präambel.
114 Alber, Siegbert (1994). a.a.O. S. 15.
115 vgl. Dickstein, Michael (1998). a.a.O. S. 190f.
116 vgl. ebd. S. 192.

Wie bereits erwähnt, wurde der Bericht im EP angenommen, jedoch scheiterte der Entwurf bei der Ratifizierung durch die nationalen Parlamente. Italien und Belgien haben hierbei den Bericht zwar verabschiedet, jedoch nicht ratifiziert. Deutschland hat ihn „nur" politisch diskutiert, während sich in Frankreich der Senat damit beschäftigt hat.[117]

5.3 Verfassungsentwurf der EVP (1983) - „Luster"-Entwurf (1988)

Der Entwurf des Ausschusses um Altiero Spinelli war, in der Anfangsphase des jetzt direkt gewählten Europäische Parlaments nicht der einzige Versuch, eine Verfassung zu entwerfen. Schon 1983 brachte die Fraktion der Europäischen Volkspartei (EVP) einen Entwurf für eine Europäische Verfassung ein, der jedoch zugunsten des „Spinelli"-Entwurfs im institutionellen Ausschuss aufgeschoben wurde. Im Jahre 1988 wurden auf Initiative der drei maßgeblichen Abgeordneten – Luster, Pfennig und Fugmann die Beratungen um den Verfassungsentwurf erneut aufgenommen.[118] In diesem Zusammenhang erscheint es interessant, einen Blick auf die im Jahre 1986 beschlossene Einheitliche Europäische Akte zu werfen, da diese genau zwischen den beiden Verfassungsentwürfen der EVP und des weiterentwickelten „Luster"-Entwurfs steht, und somit einerseits durch den ersteren beeinflusst wurde und andererseits den zweiten selbst beeinflusst hat.

Wenn auch der Verfassungsentwurf des EVP nicht direkt zum Erfolg und somit zur Verwirklichung einer Europäischen Verfassung führte, so war er doch mit Anlass dafür, dass der Europäische Rat wieder aktiv wurde. Auf dem Gipfel 1984 wurden zwei Ausschüsse eingesetzt, der „Adonino-Ausschuss" für das Europa der Bürger und der „Dooge-Auschuss" für institutionelle Fragen.[119] Das Europäische Parlament hat diese zwei Ausschüsse mit weiteren Berichten begleitet, und auf dem Gipfel von Mailand im Juni 1985 wurde der Beschluss gefasst eine Regierungskonferenz über die Weiterentwicklung Europas einzuberufen. Das Ergebnis dieser Konferenz ist bekanntlich die Einheitliche Europäische Akte (EEA) vom 17. Februar 1986.[120]

Die EEA stellt somit das Ende der Verfassungsdebatte Spinelli und verfassungsmäßig zumindest einen kleinen Teilerfolg dar, obwohl es zunächst nicht danach aussah, dass die EEA ein Erfolg werden würde, denn am 17.02.1986 wurde die Akte in Luxemburg nur von 9 der 12 Mitgliedstaaten unterzeichnet. Griechenland, Italien und Dänemark folgten auf dem Haager-Gipfel.[121]

---

117 vgl. Alber, Siegbert (1994). a.a.O. S. 16.

118 vgl. Dickstein, Michael (1998). a.O. S. 192f.

119 Ausschüsse wurden nach ihren jeweiligen Vorsitzenden benannt.

120 vgl. Alber, Siegbert (1994). a.a.O. S. 17.

121 vgl. ebd. S. 16ff.

Die Europäische Politische Zusammenarbeit wurde als vertragliche Grundlage in Art. 30 der EEA aufgenommen. Ebenfalls als positiv zu vermerken ist die in Art. 189 geschaffene Möglichkeit des Europäischen Parlaments, in Binnenmarktfragen mit dem Europäischen Rat zusammenzuarbeiten, wodurch das EP den gemeinsamen Standpunkt des Rates mit Hilfe der Mehrheit der Mitglieder des Parlaments zu ändern vermochte.
Nach Inkrafttreten der Einheitlichen Europäischen Akte im Jahre 1986 wurde auf Initiativen der drei für den EVP-Entwurf hauptverantwortlichen Abgeordneten Luster, Pfennig und Fugmann die Beratungen um den Verfassungsentwurf im Jahre 1988 wiederaufgenommen.[122] Das daraus entstandene Verfassungswerk wurde anschließend unter dem Namen „Luster"-Entwurf bekannt. Ebenso wie der „Spinelli"-Entwurf besteht auch dieser aus 87 Artikeln, die jedoch vielfach über den Entwurf Spinellis hinausgehen, wie beispielsweise in Fragen des Grundrechtsschutzes.[123] Diese Verankerung eines „Grundrechtskataloges" enthält neben liberalen Schutzbestimmungen auch die Sicherstellung der Ausübung politischer Rechte, die nicht mehr an eine Staatsangehörigkeit, sondern an den Aufenthalt in einem Mitgliedstaaten gebunden wurden (Art.8). Ebenso wurden soziale Grundrechte ins Programm aufgenommen, wie beispielsweise das Recht auf staatliche Fürsorge, gleichgültig in welchem Mitgliedstaat man sich befindet (Art. 9).
Zudem enthält der Entwurf im Vergleich zur „Spinelli"-Verfassung eine viel präzisere Kompetenzaufteilung, da die Zuständigkeiten der Union unter Berücksichtigung des Subsidiaritätsprinzips benannt und im Umkehrschluss daraus die Aufgabenbereiche der Mitgliedstaaten ermittelt wurden (Art. 52ff.). Durch den „Luster"-Entwurf wird neuerlich deutlich, dass das Europäische Parlament mit der Machtverteilung im Gemeinschaftssystem nicht einverstanden war. Die Gesetzgebungshoheit sollte demzufolge nach Artikel 54 vom Unionsparlament und Unionsrat gemeinsam ausgeführt werden. Das Gesetzgebungsverfahren ist hierbei ähnlich wie beim „Spinelli"-Entwurf geregelt.[124]
Eine Besonderheit des Entwurfs stellt vor allem der Einsatz eines Unionspräsidenten dar, der jährlich rollierend zwischen den Staatschefs der Mitgliedstaaten berufen werden sollte (Art. 38). Die Aufgaben und Befugnisse des Unionspräsidenten werden in Art. 40 geregelt und sehen den Präsidenten als völkerrechtlichen Vertreter der Union an, welcher im Namen dieser Verträge mit Drittstaaten abzuschließen vermag und zusätzlich den Vorsitz im Europäischen Rat inne hat. Außerdem kommt dem Unionspräsidenten die Befugnis zu, das

---

122 vgl. Weidenfeld, Werner (1991). a.a.O. S. 105ff.

123 vgl. Luster, Rudolf/Pfennig, Gero/Fugmann, Friedrich (1988). Bundesstaat Europäische Union. In: Weidenfeld, Werner (1991) (Hrsg.). Wie Europa verfaßt sein soll - Materialien zur Politischen Union. Gütersloh: Verlag Bertelsmann Stiftung. S. 105-135. Art. 4-14.

124 vgl. „Spinelli"-Entwurf Art. 37 Abs. 2.

Unionsparlament auf Vorschlag des Unionsministerpräsidenten aufzulösen. Der Unionsministerpräsident (vormals der Kommissionspräsident) wird auf Vorschlag des Rates vom Parlament gewählt (Art. 42). Zudem verankert der Entwurf zwei neue Institutionen: eine unabhängige Währungs- und Notenbank (Art. 69) zur Wahrung der Währungsstabilität, und einen Regionalrat (Art. 45-46), der im föderativen Unionssystem die Interessen der Länder und Regionen zu vertreten hat. Dieser Unionsregionalrat ist nach Artikel 46 des Entwurfs mit einem eigenen Gesetzesinitiativrecht ausgestattet.
Der Entwurf legt schließlich fest, dass die Verfassung dann in Kraft zu treten hat, sobald zwei Drittel der Gesamtbevölkerung der Union, repräsentiert durch ihre eigenen nationalen Parlamente, zugestimmt haben (Art.87). Wie bereits erwähnt, scheiterte zwar auch dieser Versuch, der EU eine Verfassung zu geben, jedoch konnte vor allem sein Vorreiter - der Entwurf der EVP - Einfluss auf die darauffolgenden Vertragsrevisionen nehmen und dabei vor allem auf die Ausarbeitung der Einheitlichen Europäischen Akte.

5.4 „Bericht Herman" - 1994

Den bislang letzten Verfassungsentwurf des Europäischen Parlaments stellt der Bericht „Herman" dar, der aus dem Jahre 1994 stammt. Dieser Entwurf basiert auf verschiedenen Vorarbeiten und dabei vor allem auf der Straßburger Versammlung aus dem Jahre 1990, in welcher im Zusammenhang mit einem Bericht über das konstitutionelle Fundament der EU die Grundlage für den auszuarbeitenden Verfassungsentwurf festgelegt wurde.[125] Der hierbei zum Ausdruck gebrachte Wille des EP, neuerlich einen Verfassungsentwurf auszuarbeiten wurde in der darauffolgenden Legislaturperiode aktiv weiter verfolgt, zunächst von Marcelino Oreja und nach seinem Wechsel in die Europäische Kommission von Fernand Herman.[126] Neben den bereits erwähnten Einflüssen des Berichts durch die Straßburger Versammlung flossen weiter Punkte in den „Herman"-Bericht ein, wie sie im Vertrag von Maastricht festgelegt waren, so etwa das Subsidiaritätsprinzip, die Unionsbürgerschaft und das verstärkte Mitspracherecht des Europäischen Parlaments.[127] Im bewussten Gegensatz zum EUV lag jedoch das Hauptziel des Entwurfs in der Verankerung einer Europäischen Verfassung, welche die Rechte der Bürger auch als ihre Kontrolle über die Institutionen garantieren sollte (Art. 1). Alle Macht der Union geht von den Bürgern aus, wodurch eine Art doppelte Legitimierung einerseits durch die Mitgliedstaaten und andererseits durch die Unionsbürger verankert werden sollte. Eine konkrete Festlegung auf eine bundesstaatliche oder aber staaten-

---

125 vgl. Dickstein, Michael (1998). a.a.O. S. 194f.

126 vgl. Europäisches Parlament (1994). Bericht des Insitutionellen Ausschusses über die Verfassung der EU („Herman"-Bericht) vom 09.02.1994. S. 1-54.

127 vgl. ebd. Art. 10ff.

bündische Ordnung wird unterlassen, es wird lediglich von einem föderalistischen Modell mit kooperativen und dezentralistischen Strukturen gesprochen (Art.1 Abs.1). Zudem wird explizit die Kontinuität des europäischen Integrationsprozesses unterstrichen, die zum Entstehen einer „europäischen politischen Identität“ (Art. 1 Abs.2) führen und damit eine föderal ausgerichtete Entwicklung einleiten sollte. Der dem EP von Herman am 10.02.1994 vorgelegte Bericht umfasst insgesamt 8 Titel mit 47 Artikeln und weiteren 24 Bestimmungen über Grund- und Menschenrechte. Der bereits erwähnte erste Teil des Entwurfs beschäftigt sich überwiegend mit den allgemeinen Grundsätzen, worin die maßgebenden Verfassungsgrundsätze der Union festgehalten werden. Der Union wird nunmehr ausdrücklich eine eigene Rechtspersönlichkeit zuerkannt (Art. 1 Abs. 3). Der zweite Teil des Entwurfs befasst sich in 5 Artikeln mit den Zuständigkeiten der Union und stellt den wohl am wenigsten befriedigenden Teil des Entwurfes dar.[128] Anstelle einer denkbaren Zuständigkeitsliste, welche die primären Zuständigkeiten der Union und die der Mitgliedstaaten aufzeigen könnte, verweist der Entwurf vor allem auf die bestehenden Gemeinschaftsverträge (Art. 9 und 10).

Im Gegensatz zu diesen vagen Formulierungen die Zuständigkeiten der Union betreffend wäre ein etwas konkreterer Kompetenzkatalog mit Sicherheit von größerem Nutzen gewesen, da dadurch vermieden worden wäre, *„all jene auf den Plan zu rufen, die hierin eine Kompetenz-Kompetenz befürchten.“*[129] Vor allem der Artikel 9 des Entwurfs, welcher wörtlich vorsieht:

„Ist ein Tätigwerden der Union erforderlich, um eines ihrer Ziele zu erreichen, ohne dass die Verfassung oder die Verträge die hierfür erforderlichen Handlungsbefugnisse vorsehen, so werden diese Befugnisse durch ein Organgesetz übertragen“, wäre durch eine klare Kompetenzverteilung entschärft worden. Zwar sind dabei die Prinzipien der Subsidiarität und der Verhältnismäßigkeit vorgesehen (Art. 10), jedoch wäre es nicht richtig, diese Formulierung als vage abzutun, da sie unmissverständlich eine Kompetenz-Kompetenz für die Europäische Union festlegt.[130] In diesem Zusammenhang fällt die im Vergleich zu dem Gebiet der Zuständigkeiten sehr klar strukturierte Regelung über den Stufenbau der Unionsrechtsordnung auf, welcher für das Zustandekommen der unterschiedlichen Rechtsakte - Verfassungsgesetze, Organgesetze und ordentliche Gesetze - vorsieht.[131] Zudem werden die entsprechenden Präsenz- und Konsensquoren für das Parlament festgelegt (Art. 319), wobei auch der Rat hierfür mit unterschiedlichen Mehrheitsanfordernissen bis hin zum sogenannten „superqualifizierten Mehr“ für Verfassungsgesetze zu entscheiden hat.

---

[128] vgl. Hilf, Meinhard (1998). a.a.O. S. 528.

[129] Alber, Siegbert (1994). a.a.O. S. 41.

[130] vgl. Dickstein, Michael (1998). a.a.O. S. 196f. Alber, Siegbert (1994). a.a.O. S. 40f.

[131] vgl. „Herman“-Bericht Art. 31.

Grundsätzlich sollen alle Ratsabstimmungen mit doppelter Mehrheit beschlossen werden, wobei neben der Anzahl der Staaten auch jene der Bevölkerung zu berücksichtigen ist. Das Initiativrecht verbleibt bei der Kommission und nur subsidiär beim Rat beziehungsweise Parlament (Art. 20).

Die Exekutivgewalt soll (ausschließlich) den Mitgliedstaaten zukommen, die nach Art. 34 die Gesetze der Union auszuführen haben. Im Übrigen wird in den Artikeln 17 bis 24 der Versuch unternommen, die Arbeitsweise von Rat und Kommission effizienter zu gestalten, sowohl durch die bereits erwähnte „doppelte Mehrheit" von Staaten und Bevölkerung bei Abstimmungen im Rat, als auch durch eine stärkere Aufwertung der Stellung des Kommissionspräsidenten (Art. 23 Abs.3). Weitere Artikel betreffen die Rechtsprechung (Art. 36ff), die Finanzen (Art.40), die Koordinierung der Politiken der Mitgliedstaaten (Art.41) sowie die Außenbeziehungen und die Möglichkeit des Beitritts für demokratische europäische Staaten zur Union (Art.42-45).

Der siebte Titel der Schlussbestimmungen (Art. 46) befasst sich erstmals mit der Möglichkeit eines „Europas der verschiedenen Geschwindigkeiten", wodurch einige Mitgliedstaaten die Möglichkeit erhalten sollen, die Integration rascher voranzutreiben als andere, denen wiederum jedoch die Aussicht, sich diesem Schritt jederzeit anzuschließen, nicht vorenthalten werden darf. Der letzte Titel des Entwurfs enthält 24 Bestimmungen über die Menschenrechte, wobei insgesamt vor allem der Gedanke der Kodifizierung der Bürger- und Menschenrechte hervorzuheben ist, ohne welche eine auf Transparenz und vollständige Erfassung der Verfassungsgrundlagen abzielende Verfassung nicht möglich erscheint. Dieser Verfassungsentwurf wäre dann in Kraft getreten, sobald diejenige Mehrheit der Mitgliedstaaten, die vier Fünftel der Unionsbürger entspricht, den Entwurf ratifiziert hätte (Art. 47).
Auch der bislang letzten Verfassungsinitiative des Parlaments blieb der Erfolg versagt, und sogar ihr Einfluss auf die öffentliche Diskussion und ihre Bedeutung für nachfolgende Vertragsrevisionen blieb ihr im Vergleich zu ihren Vorgängern (vor allem dem „Spinelli"-Entwurf) verwehrt. Die Debatte der Abgeordneten im Vorfeld der endgültigen Verabschiedung des Textes war dafür um so heftiger. Es wurden über 100 Abänderungsanträge eingebracht, die vor allem auf inhaltliche Änderungen abzielten, wobei der Hauptstreit an der Frage lag, ob es zum Zeitpunkt vor der Europawahl und wegen der Unruhe der Bevölkerung über die europäische Entwicklung überhaupt sinnvoll ist, eine Verfassung zu verabschieden. Diese weitverbreiteten Bedenken zwangen den Entwurf zu einem Rückzieher und, um den unfruchtbaren Streit nicht noch weiter zu verbreiten, entschied das Plenum am 09.02.1994, den Entwurf an den Ausschuss zurückzuverweisen. Der Entwurf konnte als solcher nicht verabschiedet werden und fand sich plötzlich nur noch als Anhang einer stark abgeschwächten

Kompromissentschließung.[132] Es sollte zwar ein europäischer Verfassungskonvent auf der Grundlage des „Herman"-Berichts Leitlinien für eine Europäische Verfassung entwickeln, und auch eine Konferenz im Vorfeld der Regierungskonferenz 1996 sollte mit dem Thema beauftragt werden, jedoch wurde kein einziger dieser Punkte im weiteren Verlauf umgesetzt.[133] Auch nach der Vertragskorrektur von Amsterdam blieb der ursprüngliche Anspruch an eine klare, schlanke und ausdrücklich als solche bezeichnete Europäischen Verfassung unerfüllt.

Um die bisher erwähnten, Verfassungsinitiativen in ihrer verfassungsmäßigen Funktion besser bewerten zu können, soll im Folgenden nun speziell auf einige Mängel der Entwürfe sowie auf deren Bedeutung für die verfassungsrechtliche Debatte auf europäischer Ebene eingegangen werden.

5.5 Zur Bedeutung der Verfassungsinitiativen

Das Europäische Parlament hat im Laufe der Geschichte der Europäischen Integration bereits des öfteren Entwürfe für eine mögliche Verfassung der Union erarbeitet, jedoch konnten diese bislang nie in die Tat umgesetzt werden. Zudem hat vor allem der „Herman"-Bericht und die Debatte rund um seine Entschließung verdeutlicht, dass das Europäische Parlament letztendlich nicht den nötigen Mut aufbringen konnte, eindeutig zu einer Verfassung zu stehen. Um die dafür notwendige Courage aufzubringen, wird gerade der politische Wille endgültig aus dem Schatten des Rates und der Kommission zu treten und als europäische Konstituante aufzutreten, entscheidend sein.[134] Zwar enthalten die bisher vorgestellten Verfassungsinitiativen den Versuch des Parlaments, eine deutliche Besserstellung der parlamentarischen Kompetenzen gegenüber den anderen Institutionen und somit ein gefestigtes Rollenverständnis des Parlaments als Volksvertreter zu erreichen, doch maßgebliche Vorstöße konnten dadurch nicht erwirkt werden. Trotzdem sind einige wesentliche positive Einflüsse die durch die Verfassungsinitiativen ausgelöst wurden, nicht zu vergessen.

Beispielsweise weist der „Spinelli"-Entwurf des Jahres 1984 einige sehr positive verfassungsmäßige Charakteristika auf. So sieht er einen knappen und kurzen Verfassungstext vor, um das bisher zersplitterte Vertragswerk übersichtlich und transparenter zu machen. Außerdem erscheint auch die Umstellung der Terminologie für die Rechtsakte der Gemeinschaft positiv, da anstelle der oft missverständlichen Begriffe der Verordnungen, Richtlinien und Entscheidungen nun klassische Begriffe des Gesetzes, des Rahmengesetzes und der Einzelentscheidung vorgesehen waren.[135] Auch im Hinblick auf die Leitbildfunktion der

---

132 vgl. Alber, Siegbert (1994). a.a.O. S. 44f.
133 vgl. ebd. S. 45.
134 vgl. Dickstein, Michael (1998). a.a.O. S. 200.
135 vgl. Hilf, Meinhard (1995). a.a.O. S. 37f.

Verfassung ist insbesondere der Vorschlag eines ausformulierten Grundrechtskatalogs in Artikel 47 zu erwähnen, wobei jedoch verschiedenste soziale Grundrechte nahezu willkürlich in den Katalog der Grundrechte eingebaut wurden.

Wie bereits erwähnt, wurde der Entwurf vom Europäischen Parlament im Februar 1984 mit großer Mehrheit angenommen. Die Staats- und Regierungschefs setzten daraufhin einen eigenen Ausschuss mit dem Ziel ein, Verbesserungsvorschläge für die Gemeinschaftsarbeit und die außenpolitische Arbeit auszuarbeiten. Dieser Ausschuss übernahm in großen Teilen den Entwurf des EP und legte 1985 einen Bericht vor. Dieser Bericht bildete eine wesentliche Grundlage für die Einheitliche Europäische Akte aus dem Jahre 1986, durch die ein erster Schritt in Richtung politischer Integration getan wurde.[136]

Nicht zuletzt wurden die Abgeordneten des Europäischen Parlaments durch diesen Entwurf dazu motiviert, durch weitere Vorschläge, ihr *„Rollenverständnis als zukünftige europäische Konstituante wiederholt zu bekräftigen."*[137]

Die bisher letzte Verfassungsinitiative des EP, der „Herman"-Bericht aus dem Jahre 1994 führte schon im Vorfeld seiner Entschließung zu heftigen Debatten. Zum einen wurde bezweifelt, ob das kurz vor der Auflösung stehende Parlament noch genügend Zeit besitzen würde, um eine mehrheitsfähige Fassung des Entwurfs zu liefern, und zum anderen wurden die bundesstaatlichen Annäherungen in dem Entwurf als utopisch abgetan.[138] Das Parlament wollte jedoch das Arbeitsdokument nachdrücklich zur öffentlichen Auseinandersetzung und Kommentierung weiterreichen, um sich nachweislich von dem Vorgehen vor dem Entwurf zu einem Vertrag zur Gründung der Europäischen Union, auf Initiative des Abgeordneten Spinelli, abzugrenzen und somit eine möglichst breite Beteiligung zu erreichen. Dieses Vorhaben, die Öffentlichkeit von Anfang an mit ein zu beziehen, ist an sich äußerst anerkennenswert. Die Tatsache, dass sich jedoch das Parlament zu diesem Zeitpunkt der öffentlichen Debatte selbst noch nicht völlig im klaren über die geplanten Verfassungsperspektiven war, wurde dem Parlament letztendlich als ein zu verhaltenes Vorgehen vorgeworfen.[139] So kann festgehalten werden, dass die bisherigen Versuche, eine Europäische Verfassung zu entwickeln, durchaus einige Prämissen für erfolgversprechende Neuansätze beinhalten. So stand die Wahrung des gegebenen integrationspolitischen Standes immer auf dem Programm der Entwürfe, und anstelle maximaler Detailregelungen wurde darauf verwiesen, dass die Verfassung ein einfaches, einsichtiges Konstruktionsprinzip enthalten soll.

Zudem darf eine EU-Verfassung die Reform der Entscheidungsprozesse nicht ausklammern und muss die wichtigen Machtpotentiale an die Gemeinschaft

---

[136] vgl. Neisser, Heinrich (1993). a.a.O. S. 67f.
[137] Dickstein, Michael (1998). a.a.O. S. 192.
[138] vgl. Hilf, Meinhard (1998). a.a.O. S. 525f.
[139] vgl. ebd. S. 532.

binden, wodurch eine Unterstützung der maßgeblichen politischen Kräfte als Voraussetzung zu sehen ist.[140] Zwar blieb den bisherigen Verfassungsentwürfen der Erfolg verwehrt, doch konnten sie in einigen bereits erwähnten Fragen (Subsidiarität, Unionsbürgerschaft...) eine Art Vorreiterrolle für die folgenden Vertragsreformen (EEA, Vertrag von Maastricht) übernehmen und übten somit einen direkten Einfluss auf das europäische Vertragswerk aus.
Neben den bereits erwähnten, in der Vergangenheit gestarteten Verfassungsinitiativen, gab bzw. gibt es auch neuere Versuche des EP bzw. auch der Kommission die Verfassungsentwicklung auf EU-Ebene in gang zu halten bzw. zu bringen. Dabei fordern das Europäische Parlament und die Europäische Kommission seit längerem eine Vereinfachung des bestehenden EU-Vertragwerks. Im Auftrag der Kommission hat das Europäische Hochschulinstitut von Florenz eine Studie zur Neuordnung der Verträge erarbeitet, die im Mai 2000 vorgelegt wurde. Diese Studie ist zu dem Ergebnis gekommen, dass es ohne juristische Probleme möglich wäre, einen Grundlagenvertrag für die Europäische Union zu erstellen. Notwendig sei nur der politische Wille zu einem solchen Schritt. Dieser Grundlagenvertrag enthielte alle Verfassungsbestimmungen des EU- und des EG-Vertrages in systematischer Reihenfolge. Mit rund 100 Artikeln könnten so die politischen Ziele der Union, der institutionelle Rahmen sowie die Entscheidungsverfahren der EU zusammengefasst werden. Regelungen aus dem zweiten und dritten Pfeiler zur Außen- und Sicherheitspolitik und zur polizeilichen und justitiellen Zusammenarbeit würden in zwei Sonderprotokollen als Anhang angeführt.[141]
Auch die Studie des Centrums für angewandte Politikforschung (C.A.P) in München zur Machbarkeit eines Grundvertrages ist zu einem ähnlichen Ergebnis gekommen. Das C.A.P hat ebenfalls einen Grundvertrag mit ca. 100 Artikeln zusammengestellt, welcher durch eine konsequente Kürzung von Artikeln noch übersichtlicher als der Entwurf des Hochschulinstituts von Florenz ist.[142]
Die Studie des Hochschulinstituts in Florenz sowie auch die Studie des C.A.P machen deutlich, dass der derzeitige „acquis communautaire“ des EU- und EG-Vertrages bereits einige wesentliche Elemente einer europäischen Verfassung enthält. Was fehlt noch zu einer wirklichen Europäischen Verfassung? Zum einen braucht die Verfassung eine Garantie der Menschen- und Bürgerrechte, zum anderen muss eine Verfassung die Kompetenzteilung zwischen EU und

---

140 vgl. Weidenfeld, Werner (1991). a.a.O. S. 83f.

141 zitiert nach: Europäische Zeitung, Oktober 2000. Wegweisend für Europas Zukunft. S. 2. vgl. auch Ferrero-Waldner, Benita (2000). Vortrag zum Thema: Die Europäische Grundrechtscharta - Ein Schritt auf dem Weg zu einer Europäischen Verfassung. Veranstaltet von der Wirtschaftskammer Österreich am 18.12.2000. Redemanuskript, S. 1-10. S.7.

142 vgl. ebd. S. 8.

Mitgliedstaaten definieren. Um die verfassungsrechtliche Debatte der Union so aktuell wie möglich wiederzugeben, erscheint es notwendig und sinnvoll, die Charta der Grundrechte der Europäischen Union in die Verfassungsdebatte mit einzubeziehen, um festzustellen, inwieweit diese als Vorstufe für einen zukünftigen verfassungsgebenden Prozess auf EU-Ebene betrachtet werden kann.

6. Die Charta der Grundrechte als Vorstufe des verfassungsgebenden Prozesses

Das Europäische Parlament bezeichnete in seiner Entschließung vom 18. November 1999 die Ausarbeitung einer Grundrechte-Charta als integrierenden Bestandteil eines nunmehr zu eröffnenden „verfassungsgebenden Prozesses."[143] Auf der Tagung des Europäischen Rats in Köln am 3. und 4. Juni 1999 wurde von den Staats- und Regierungschefs der fünfzehn Mitgliedstaaten beschlossen, eine Charta der Grundrechte auszuarbeiten. Der Rat unterstrich die Wahrung der Grundrechte als in den Verträgen fest verankertes Gründerprinzip der Europäischen Union und als unerlässliche Voraussetzung für ihre Legitimität. Am Vorabend des 8. Dezember 2000 – dem offiziellen Beginn der EU-Konferenz in Nizza (8.-12.12.2000) wurde die Charta der Grundrechte proklamiert. Bevor nun konkret auf die Inhalte bzw. Auswirkungen der Grundrechts-Charta eingegangen wird, soll zunächst ein kurzer Blick auf die grundrechtliche Ausgangslage bzw. deren vertragsrechtliche Verankerung innerhalb der Verträge der EU geworfen werden.

6.1 Ausgangslage

Grundrechte konstituieren und legitimieren jedes Gemeinwesen, das mit der Ausübung von Hoheitsgewalt gegenüber den Bürgern beauftragt ist. In einer möglichen Europäischen Verfassung ist ein Grundrechtskatalog unverzichtbar, denn eine solche wäre unvollständig, würde sie dem Bürger dessen Grundrechte nicht sichtbar machen.[144] Art. 6 (II) des EU-Vertrages beinhaltet die Regelung zur Achtung der Grundrechte auf europäischer Ebene, welche sich auf die im Jahre 1950 in Rom unterzeichnete Europäische Konvention zum Schutze der Menschenrechte und Grundfreiheiten (EMRK) sowie auf die Verfassungs-

---

143 vgl. Pernice, Ingolf (2000). Eine Grundrechte-Charta für die Europäische Union. S. 1-12.

144 vgl. Hilf, Meinhard (1991). Grundrechte für eine Europäische Verfassung. In: Weidenfeld, Werner (Hrsg.). Wie Europa verfaßt sein soll. Materialien zur Politischen Union. Güters-loh: Bertelsmann Stiftung. S. 62-72. S. 62.

überlieferungen der Mitgliedstaaten beruft.[145] Zusätzlich hat der EuGH aufgrund seiner Verantwortung für die Wahrung des Rechts[146] und unter Berufung auf die EMRK einen weithin anerkannten Grundrechtsschutz entwickelt. Dennoch wird für die Gemeinschaft der Grundrechtsschutz allein durch Rechtsprechung als unbefriedigend empfunden. Diese Rechtsprechung lässt viele dogmatische Grundsatzfragen des Grundrechtsschutzes offen, erfasst bisher nicht sämtliche in den Mitgliedstaaten geschützte Grundrechte und führt im Hinblick auf die dogmatisch keineswegs abgesicherte und geklärte Bezugnahme auf die EMRK kaum ein ausreichendes Schutzniveau im Rahmen des Gemeinschaftsrechts gewährleisten. Die Grundrechts-Charta sollte und könnte dabei keine vollkommen neue Ordnung im Grundrechtsschutz schaffen, sondern vielmehr eben diese fehlende dogmatische Dimension in der Begründung der Grundrechtsordnung ausgleichen.[147] Wie es im Einzelnen in einem den eigentlichen Schlussfolgerungen beigefügten Beschluss des Europäischen Rates in Köln 1999 heißt, ist es *„im gegenwärtigen Entwicklungsstand der Union(...) erforderlich, eine Charta dieser Rechte zu erstellen, um die überragende Bedeutung der Grundrechte und ihre Tragweite für die Unionsbürger sichtbar zu verankern.“*[148] Es geht also nicht um eine EU-eigene EMRK, doch unter Umständen um eine mögliche Vorstufe einer Europäischen Verfassung. Die EU-Grundrechts-Charta kann hierbei eine Art „Vergewisserung“ über die gemeinsame Wertebasis der Union herbeiführen und insbesondere über den verfassungsrechtlichen Status des Unionsbürgers aufklären.[149] Die Charta muss unter Berücksichtigung der EMRK und der in den Verträgen bereits festgehaltenen Grundwerte, -rechte und -freiheiten in einem breiten europäischen Kurs heranwachsen.[150] Die Form der verfassungsrechtlichen Umsetzung dieser Charta war beim Rat in Köln noch ungewiss. In dem Beschluss heißt es dazu lediglich:

„Der Europäische Rat wird dem Europäischen Parlament und der Kommission vorschlagen, gemeinsam mit dem Rat eine Charta der Grundrechte der EU auf der Grundlage des Entwurfs feierlich zu proklamieren. Danach wird zu prüfen sein, ob und gegebenenfalls auf welche Weise die Charta in die Verträge aufgenommen werden sollte.“[151]

---

145 vgl. EU-V (1993). Art. 6 II (ex-Art. F).

146 vgl. EWG-V (1957) Art. 164.

147 vgl. Pernice, Ingolf (2000). a.a.O. S. 9.

148 EU (1999). Anhang IV der Schlussfolgerungen des Europäischen Rates in Köln zur Erarbeitung einer Charta der Grundrechte der Europäischen Union am 3./4.6. 1999. S. 1-3.

149 vgl. Pernice, Ingolf (2000). a.a.O. S. 10f.

150 vgl. EU-V (1993) Art. 6 (ex-Art. F)

151 EU (1999). Anhang IV der Schlussfolgerungen des Europäischen Rates in Köln. a.a.O. S. 2.

Im Folgenden gilt es nun die Fragen zu klären, die sich auf den Inhalt, die Adressaten und die Bedeutung der Grundrechts-Charta für die europäische verfassungsrechtliche Debatte, beziehen. Zunächst soll jedoch kurz auf die Besonderheiten der Zusammensetzung und der Aufgabenstellung des Konvents eingegangen werden, der mit der Ausarbeitung der Charta beauftragt wurde.

6.2 Zusammensetzung und Aufgabenstellung des Konvents

Wie bereits erwähnt, wurde durch den Rat von Köln der Anstoß für eine Europäische Grundrechts-Charta gegeben und das Mandat zur Ausarbeitung dieser Charta an einen Konvent erteilt. Dieser Konvent, bestehend aus 62 Mitgliedern, hatte keineswegs die Aufgabe, eine vollkommen „neue" Charta zum Grundrechtsschutz auf europäischer Ebene auszuarbeiten, sondern vielmehr das Ziel der Bestandsaufnahme der EU-Grundrechtssituation.[152] Die Zusammensetzung des Konvents erfolgte hierbei nach dem Prinzip der „Multilegitimität".
Er bestand aus den 15 Vertretern der Regierungschefs der Mitgliedstaaten, aus je 2 Vertretern der nationalen Parlamente pro Mitgliedsstaat, aus einer Kurie bestehend aus 16 EU-Parlamentariern sowie aus einem EU-Kommissar.[153]
Weiter waren an den Diskussionen und Verhandlungen Beobachter des EUGH, verschiedene Vertreter von NGO's sowie Vertreter der Beitrittskandidaten beteiligt. Es bestand keine Mandats-bindung für die Teilnehmer des Konvents, wodurch es zu keiner formellen Abstimmung kam und man nach dem flexiblen Konsensverfahren vorgehen konnte.[154]
Das sehr breite Gremium, das an der Erarbeitung der Grundrechts-Charta beteiligt war, unterlag während seiner Arbeit dem Prinzip ständiger Transparenz. Der repräsentative Kreis von 62 Fachleuten unter dem Vorsitz von Altbundespräsident Roman Herzog hörte Dutzende gesellschaftliche Gruppen an, prüfte Hunderte Eingaben und informierte laufend im Internet. Das kann als Ansatz dafür gewertet werden, die EU „von unten", statt immerzu von oben herab zu gestalten, und ist somit ein zaghafter Versuch, der europäischen Bürgergesellschaft erstmals eine Mitbestimmungschance zu geben.[155]

---

152 vgl. Neisser, Heinrich (2000). Vortrag zum Thema: Die EU-Grundrechtscharta. Gehalten am Institut für öffentliches Recht der Universität Salzburg am 14.11.2000.

153 Für Österreich waren Prof. Dr. Heinrich Neisser (Beauftragter des österreichischen Bundeskanzlers) und SPÖ-Europasprecher Kaspar Einem sowie der FPÖ-Abgeordnete Harald Ofner (Vertreter des österreichischen Parlaments) im Konvent zur Erarbeitung der EU-Grundrechtscharta vertreten.

154 vgl. Neisser, Heinrich (2000). Vortrag zum Thema: Grundrechte für Europa - Die Europäische Union nach Nizza. Veranstaltet von der Wirtschaftskammer Österreich am 18./19. Dezember 2000.

155 vgl. Die Zeit, 15.12.2000. Von unten statt von oben. Nach Nizza hat nun der EU-Bürger das Wort. S. 1.

6.3 Inhalte der Charta

Inhaltlich ist die Grundrechts-Charta in 6 Abschnitte unterteilt mit insgesamt 54 Artikeln, deren „Dach“ die generelle Geltung der Grundrechte bildet. In ihrer Gesamtheit vervollständigt wurden die Abschnitte durch horizontale Artikel, die sich beispielsweise auf die Subsidiarität, den Anwendungsbereich sowie die Umsetzung und Schutzqualität der Grundrechte beziehen.[156] Trotz des vorrangigen Ziels der Bestandsaufnahme der europäischen Grundrechtsituation wurden auch neue Punkte, ein sogenannter „Mehrwert“ über die Bestandsaufnahme hinaus, beschlossen.
Dies betrifft vor allem die Artikel der Charta bezüglich Datenschutz[157] (nicht in der EMRK enthalten) und Asylrecht (Art. 19 II). Zudem stellt die EU-Grundrechts-Charta den ersten internationalen Grundrechtskatalog dar, in welchem soziale Rechte (Art. 27ff.) als Teil der Grundrechte integriert wurden.[158] Hierbei geht es um die Verpflichtung der Mitgliedstaaten, das notwendige System zur Verfügung zu stellen, um die Sicherung der sozialen Grundrechte zu gewährleisten. Genaue Hinweise zur Umsetzung und Integration in nationale Grundrechtssysteme werden jedoch nicht gegeben. Entscheidend für die Frage, welche Grundrechte in welcher Weise Bestandteil der Charta sein müssen, ist der Zusammenhang von Kompetenzen der EU und Grundrechten.
Das heißt es muss bezüglich des Inhaltes der Charta eine gewisse Übereinstimmung von Grundrechtsstatus und Kompetenzzuweisungen der EU angestrebt werden, ansonsten kann es passieren, dass dem Bürger etwas zugesichert wird, zu dessen Einhaltung die Union gar nicht die nötigen Kompetenzen besitzt. Auf diese Problematik soll im Abschnitt bezüglich der Kritikpunkte der Charta näher eingegangen werden.

6.4 Adressaten der Charta

Der Anwendungsbereich der Charta der Grundrechte wird in Artikel 51 I desselben geregelt, welcher besagt:

„Diese Charta gilt für die Organe und Einrichtungen der Union unter Einhaltung des Subsidiaritätsprinzips und für die Mitgliedstaaten ausschließlich bei der Durchführung des Rechts der Union.“

Insofern erscheint der Bereich der Anwendung sehr genau festgelegt. Interessant ist im Zusammenhang mit den inhaltlichen Ausführungen der Charta jedoch die Frage nach den Adressaten der Grundrechts-Charta, falls diese in das Primär-

---

156 vgl. EU (2001). Charta der Grundrechte der Europäischen Union. S. 1-23.

157 ebd. Art. 8 (1).

158 vgl. Neisser, Heinrich (2000) a.a.O.

recht der EU aufgenommen und im Vertragswerk verankert wird. Wie bereits erwähnt, unterwirft Art. 6 EUV die Union der Achtung zentraler demokratischer und rechtsstaatlicher Grundsätze, einschließlich der Menschenrechte und Grundfreiheiten. Mit „Union“ sind hier die Mitgliedstaaten auch in ihrem Handeln im Rahmen der 2. (GASP) und 3. (PJZS) Säule gemeint.[159] Dass die Mitgliedstaaten an diese Grundsätze gebunden sind, ergibt sich aus Art. 7 II EUV. Die Einfügung der Grundrechts-Charta in den Unionsvertrag, etwa als Konkretisierung des Art. 6 II EUV, würde zur Folge haben, dass ohne gegenteilige Erklärung auch eine Bindung der Mitgliedstaaten in ihrem Handeln im Rahmen der 2. und 3. Säule anzunehmen ist.[160] Wäre eine solche allgemeine Geltung der Charta für die Mitgliedstaaten als solche gewollt, so würden auch kulturelle und soziale Grundrechte sicherlich ein angemessener Bestandteil der Grundrechts-Charta sein. Doch muss man sich darüber klar werden, was gewollt und vor allem was politisch machbar ist, und dies ist auch für die spätere Verortung der Charta von Bedeutung, jedenfalls wenn sie rechtlich verbindlich und vor dem EuGH bzw. den nationalen Gerichten durchsetzbar sein soll. Aus diesem Grunde erscheint ein behutsames, schrittweises Vorgehen ratsam. Zunächst könnte es sich als sinnvoll erweisen, vorerst den Anwendungsbereich des EG-Vertrags für die Grundrechts-Charta ins Auge zu fassen, um dann die Erweiterung des Katalogs entsprechend dem Kompetenzzuwachs der Union im Rahmen der notwendigen Konsolidierung der Verträge vorzunehmen.[161] Schließlich könnte die Charta durch ihre ergänzende und verallgemeinernde Geltung für die Union und ihre Mitgliedstaaten eine Art überall und gleichermaßen verbindliche Wertebasis für eine mögliche Europäische Verfassung darstellen.

6.5 Kritikpunkte an der Charta

Was den konkreten Inhalt der Grundrechts-Charta betrifft muss, wie bereits erwähnt, eine gewisse Parallelität d.h. Entsprechung von Grundrechtsstatus und Kompetenzzuweisungen innerhalb der EU vorhanden sein, wenn dem Bürger nicht etwas versprochen werden soll, was die Union nicht imstande ist einzulösen. Hierbei erscheint es fraglich, inwieweit die Union Rechte auf rechtlichen, wirtschaftlichen und vor allem sozialen Schutz der Familie (Art. 9 II), auf Schutz der Kinder (Art. 9 III), das Recht auf Erziehung (Art. 12 I) oder ein Recht auf Arbeit, auf Bildung und ähnliches schützen soll, denn hierbei fehlen der EU weitgehend die notwendigen Kompetenzen. Ein weiterer Kritikpunkt am Inhalt der Grundrechts-Charta betrifft die Artikel bezüglich detaillierter

---

159 vgl. Woyke, Richard (1998). Europäische Union. Erfolgreiche Krisengemeinschaft. München-Wien: Oldenbourg Verlag. S. 62ff.

160 vgl. Pernice, Ingolf (2000). a.a.O. S. 11f.

161 vgl. ebd. a.a.O. S. 12.

sozialpolitischer Rechte, die nach Meinung vieler als nicht passend in einer Grundrechts-Charta angesehen werden.[162] Weiters wird vor allem von Rechtsexperten die Unübersichtlichkeit der Textierung und die Vermischung von Rechten und Prinzipien kritisiert. Diese Kritik erscheint als durchaus gerechtfertigt, da es im Text oft unklar erscheint, ob es sich nun um ein subjektives Recht, ein Prinzip, Ziel oder um eine Gewährleistungspflicht durch eine EU-Institution oder einen Mitgliedstaat handelt. Es ist auch kaum bestreitbar, dass die sehr heterogene inhaltliche Struktur der Charta ihren doch stark kompromisshaften Charakter zum Ausdruck bringt. Hierbei gilt jedoch festzuhalten, dass es sich bei den Inhalten der Charta um einen breiten Grundkonsens der europäischen Wertegemeinschaft handelt, der die Menschenrechte aller Dimensionen zu berücksichtigen hat.

Die breit gefasste Charta kann trotz alledem die sehr vage Bestimmung des Artikels 6 des EU-Vertrages ergänzen und vervollständigen. Weiter sehen einige Kritiker die Gefahr in der Überschneidung der Inhalte der Grundrechts-Charta mit der EMRK, welche zur Zeit als Ausdruck des gemeineuropäischen Grundrechtsstandards angesehen werden kann.[163] Der wohl grundlegendste und entscheidendste Kritikpunkt an der europäischen Charta der Grundrechte betrifft aber weniger ihren Inhalt als vielmehr ihre rechtliche Unverbindlichkeit. Die Charta als rein symbolische Geste und feierliche Erklärung kann der Glaubwürdigkeit einer effektiven europäischen Grundrechtspolitik nicht Genüge tun. Eine langfristige Integration der Grundrechts-Charta in das Vertragswerk der Union muss politisch angestrebt werden, denn nur dadurch kann politische Glaubwürdigkeit erzielt werden.[164]

6.6 Zur Bedeutung der Grundrechtscharta

Der Beschluss der europäischen Charta der Grundrechte kann für die Bewusstwerdung der Unionsbürger als Verfassungsgeber im Prozess der europäischen Verfassungsentwicklung von großer Bedeutung sein. Falls die Integration der Charta in das Textwerk der EU-Verträge erfolgt und sie rechtliche Verbindlichkeit erlangt, kann die EU-Grundrechts-Charta einen substantiellen Wert für die europäische Verfassungsentwicklung erreichen bzw. einen wichtigen Schritt in Richtung einer Europäischen Verfassung darstellen.[165] Letztlich sind daher alle Überlegungen darauf zu richten, dass der Charta Rechtsverbindlichkeit zukommen soll, vor allem um ihr die nötige Glaubwürdigkeit und rechtliche

162 vgl. Neisser, Neisser (2000). a.a.O.

163 vgl. ebd. a.a.O.

164 vgl. Europäische Zeitung, 10/2000. Die europäische Grundrechtscharta. Ein Wunsch für Nizza. S. 2.

165 vgl. Neisser, Heinrich (2000). a.a.O.

Durchsetzungskraft zu verleihen. Im Rahmen des sogenannten „Post-Nizza"-Prozesses wird somit der Status der Charta gemäß des Beschlusses des Europäischen Rats von Köln zu determinieren sein: Die Prüfung, ob und gegebenenfalls auf welche Weise die Charta in das europäische Vertragswerk aufgenommen werden soll.[166] Die Charta zu verabschieden und dann als feierliche Erklärung „verwelken" zu lassen, könnte zu einer Schwächung der Legitimität der Grundrechts-Charta und damit auch der EU führen. Geboten ist also eine Aufnahme in die Verträge, zweckmäßigerweise in den Unionsvertrag, in engster Verbindung mit und als Konkretisierung von Art. 6 EUV. Die verbindliche Annahme der Grundrechts-Charta wäre ein wichtiger Fortschritt im Sinne der von der Präambel zum Unionsvertrag bezeichneten *„Notwendigkeit, feste Grundlagen für die Gestalt des zukünftigen Europas zu schaffen."*[167] Der Status der Unionsbürger als Legitimationssubjekt der EU deutlicher zum Ausdruck gebracht werden, wodurch die gemeinsame europäische Identität gestärkt werden könnte. Nur ein politisches Gemeinwesen, das dem Schutz der Grundrechte verpflichtet ist, erscheint dem Bürger gegenüber legitimiert, und nur solch ein System kann mit der Solidarität der Bürger rechnen. Festzuhalten bleibt in diesem Zusammenhang auch die besondere Bedeutung des Konvents, welcher zur Ausarbeitung der Charta einberufen wurde. Diese Form bzw. der Versuch einen „multilegitim" zusammengesetzten Ausschusses zur Ausarbeitung der Charta einzusetzen, könnte und sollte meiner Meinung nach auch bei der Reformierung des Europäischen Vertragswerks bzw. bei der Ausarbeitung einer Europäischen Verfassung in Betracht gezogen werden.

7. „Europäische Verfassung" vs. Staatsverfassung

Im folgenden Abschnitt soll versucht werden, einzelne, zum Teil bereits erwähnte Vorstellungen zu artikulieren, die herkömmlicher Weise mit dem Begriff der Verfassung im staatsrechtlichen Sinne verknüpft sind. Hierbei soll aufgezeigt werden, dass deren Anwendung auf die europäische Verfassungsebene fraglich bzw. nicht möglich erscheint, wobei Gründe dafür und daraus resultierende Probleme aufgezeigt werden sollen.

7.1 Einzigartigkeit und Supremat der Verfassung

Eine wesentliche Eigenart einer „herkömmlichen" bzw. nationalstaatlichen Verfassung stellt ihre Einzigartigkeit dar. Eine Staatsverfassung bildet eine umfassende, rechtliche Grundordnung, die keine andere Verfassung neben sich

---

[166] vgl. Ferrero-Waldner, Benita (2000). a.a.O.

[167] EU-V (1993). Präambel. a.a.O.

duldet. Bezogen ist die Einzigartigkeit der Verfassung überwiegend auf die Aufgabe der Herstellung politischer Einheit.[168] Beim Blick auf das Primärrecht der Europäische Union ist festzustellen, dass es der Idee der Einzigartigkeit der Verfassung nicht standhalten kann. Neben einer „Europäischen Teilverfassung“ behält bis auf unabsehbare Zeit das nationale Verfassungsrecht seine Funktion und somit auch seinen Verfassungsstatus. Die europäische Verfassungsebene ist nicht umfassend, sondern lediglich, wie bereits erwähnt, bereichsspezifisch. Es besteht sozusagen eine Art Doppelung von Verfassungen im Verhältnis von Mitgliedstaaten und europäischer Ebene. Nicht nur auf europäischer Ebene besteht eine doppelte Verfassungsebene, sondern auch beispielsweise in bundesstaatlichen Ordnungen, nämlich auf Bundes- sowie auf Landesebene. Das Primat der Bundesverfassung bleibt hierbei jedoch stets unumstritten, während dessen der Vorrang des Europarechts im Verhältnis zum nationalen Recht nur im Rahmen der übertragenen Kompetenzen geltend gemacht werden kann.[169] Eine Ergänzung zur Einzigartigkeit bildet der oberste Rang der Verfassung, auf dessen Eigentümlichkeit bereits in einem vorangegangenen Abschnitt eingegangen wurde. Das Supremat der Verfassung innerhalb der Hierarchie der Rechtsnormen ist vor allem für dessen rechtliche Durchschlagskraft, aber auch für die interne Integration des Rechtssystems von Bedeutung.

„Eine Verfassung auf europäischer Ebene, die auf absehbare Zeit immer auch mit Nationalverfassungen konfrontiert ist, genießt diesen Vorrang nicht ohne weiteres.“[170]

Der Vorrang des Europarechts gilt nur für jene Bereiche, für welche die europäische Ebene ermächtigt ist. Das Primat des europäischen Rechts gegenüber dem nationalen Verfassungsrecht entspricht herrschender Meinung und ergibt sich zwangsläufig aus der Logik des vertraglich vereinbarten Integrationsprozesses. Die deutlichsten Auswirkungen auf das rechtliche Gefüge des Verfassungsstaates hat der europäische Integrationsprozess durch die in Art. 249 EGV verankerte unmittelbare Geltung der Gemeinschaftsverordnungen in den Mitgliedstaaten.[171] In gleicher Weise entfalten die Urteile des Europäischen Gerichtshofes unmittelbar rechtliche Wirkungen in den Mitgliedstaaten. Dieses Primat einer überstaatlichen Ordnung kann durchaus als verfassungsqualitatives Moment der Verträge gesehen werden, trotzdem ist die Qualität der Höchstrangigkeit auf europäischer Verfassungsebene teilweise nur bedingt gegeben, da diese in vielen Teilbereichen in Konkurrenz mit den nationalen Ver-

---

168 vgl. Morlok, Martin (2000). a.a.O. S. 75ff.

169 vgl. ebd. S. 77.

170 ebd. S. 78.

171 vgl. Tsatsos, Dimitris (2000). Zum Prinzip einer gemeineuropäischen Verfassungsverantwortung. In: Pahl, Marc-Oliver (Hrsg.). Grundfragen der europäischen Verfassungsentwicklung. Baden-Baden: Nomos Verlagsgesellschaft. S. 117-142. S. 130.

fassungen steht. Ebenso hat das Subsidiaritätsprinzip nach Art. 3 b Abs. 2 EGV den Zugriff des Gemeinschaftsrechts auf das nationale Recht in jenen Bereichen begrenzt, die nicht in die ausschließliche Zuständigkeit der Gemeinschaft fallen.[172]

In diesem Zusammenhang erscheint es von Bedeutung festzuhalten, dass eine europäische Verfassung nicht als in sich geschlossenes und selbsttragendes Ordnungssystem lebensfähig sein kann, sondern nur als „Komplementärverfassung", das heißt als ergänzende Verfassungsordnung, welche die gemeineuropäischen Elemente der mitgliedstaatlichen Verfassungen aufnimmt und zusammenführt.[173]

7.2 Verfassung als Grundlage eines souveränen Staates

Der herkömmliche Verfassungsbegriff wurde am Nationalstaat entwickelt und durch dessen Eigenschaften wesentlich geprägt. Neben dem Staatsbezug, der Einzigartigkeit sowie der Höchstrangigkeit der Verfassung wird das herkömmliche Verfassungsdenken auch ganz wesentlich durch die Souveränität des Nationalstaates geprägt.[174] Dabei lassen sich die Verfassungseigenschaften der Einzigartigkeit und der Suprematie auch als Teilaspekte der Souveränität eines Staates sehen, auf der er das Monopol der legitimen Gewaltausübung besitzt. Eine wesentliche Hauptaufgabe der Verfassung besteht somit darin, diese Gewaltausübung zu begrenzen, zu begründen und auch zu legitimieren. Diese Orientierung ist eindeutig auf die Strukturen des souveränen Staates geprägt.

Angesichts der bereits festgestellten Tatsache, dass auf europäischer Ebene noch kein Staatsgebilde entstanden ist, ist es unumstritten, dass es der europäischen Verfassungsebene - bezogen auf eine Verfassung staatsrechtlichen Typs - an wesentlichen Qualitäten mangelt. Diese Tatsache an sich soll und darf noch kein Problem darstellen, vielmehr muss man sich beim Gebrauch herkömmlicher Begrifflichkeiten bewusst sein, dass die EU die Voraussetzungen, die der staatsbezogene Verfassungsbegriff aufgestellt hat, nicht erfüllen kann, aber eben auch nicht muss. Dabei darf man es jedoch noch nicht bewenden lassen, sondern es müssen vielmehr begriffliche und theoretische Konsequenzen daraus gezogen werden, was bereits im theoriebezogenen Abschnitt zum Verfassungsbegriff versucht wurde.

---

172 vgl. Morlok, Martin (2000). a.a.O. S. 79.

173 vgl. Läufer, Thomas (1994). Zur künftigen Verfassung der Europäischen Union – Notwendigkeit einer offenen Debatte. In: Integration 17/1994, Nr. 4. S. 204-214. S. 207.

174 vgl. Morlok, Martin (2000). a.a.O. S. 80.

7.3 Verfassung als Legitimitätsgrundlage

Der politische Sinn einer herkömmlichen bzw. einer Staatsverfassung liegt darin, die Legitimationsgrundlage der politischen Herrschaft darzustellen. Eine Verfassung kann nur dann eine verbindliche Grundordnung darstellen, wenn sie tatsächlich rechtfertigungsfähig ist und somit den Bedürfnissen und Anforderungen der Bürger entspricht. Nur dann kann sie in diesem Sinne auch als legitime Grundlage politischer Herrschaft auftreten.[175]
Diese legitimatorische Komponente spielt auch in der Diskussion um eine Europäische Verfassung eine entscheidende Rolle. Die entscheidenden Legitimationsquellen bleiben angesichts der beschränkten Kompetenzen des Europäischen Parlaments und der tragenden Funktion des Rates überwiegend in den Mitgliedstaaten. Wie das deutsche Bundesverfassungsgericht in seiner Maastricht-Entscheidung betonte, hängt die Legitimation der europäischen Entscheidungen wesentlich von der über die nationalen Parlamente vermittelte demokratischen Legitimität ab.[176] Die dabei vom Europäischen Parlament ausgehende Legitimation wird durchwegs als „ergänzend" angesehen. Das Erfordernis der demokratischen Legitimation wird vom gegenwärtigen europäischen Primärrecht somit lediglich auf eine stark mediatisierte Weise wahrgenommen. Festzuhalten bleibt dabei folglich, dass die Instanzen der EU ihre Legitimation aus zwei Strängen beziehen. Zum einen über die nationalen Volksvertretungen und zum anderen über das direkt gewählte Europäische Parlament, wobei die erstere Quelle nicht in der Verantwortung einer Europäischen Verfassung liegt, wodurch eine Verfassung auf europäischen Ebene an einem erheblichen Mangel zu leiden hat bzw. hätte.[177] Es wurde bereits des öfteren betont, dass die Verfassungsgebung auf europäischer Ebene nicht etwas Statisches, sondern ein dauernder evolutionärer Vorgang ist, wodurch sich die Europäische Union in einem Zustand fortwährender Verfassungsentwicklung befindet. [178]
Welche Rolle dieser prozesshafte Charakter des Verfassungsprozesses auf europäischer Ebene spielt und inwieweit das Vertragswerk der EU diesem Anspruch gerecht wird, soll im folgenden Teil näher erläutert werden.

---

175 vgl. ebd. S. 79ff.
176 vgl. BVerfGE 89, 155 (184ff.) entnommen bei Morlok, Martin (2000). a.a.O. S. 82.
177 vgl. Morlok, Martin (2000). a.a.O. S. 80.
178 vgl. Schwarze, Jürgen (2000). Auf dem Wege zu einer europäischen Verassung – Wechselwirkungen zwischen europäischen und nationalem Verfassungsrecht. In: Europarecht 1/2000. S. 7-30. S. 12ff.

7.4 Europäische Verfassungsgebung als Prozess

Während Dynamik und Prozesshaftigkeit in der nationalen Verfassungsrechtslehre überwiegend nur als Teilelemente, als nur ergänzend herangezogene Kriterien des Verfassungsbegriffs betrachtet werden, so dienen sie der Verfassung auf Gemeinschaftsebene als entscheidendes Charakteristikum. Das kennzeichnende Merkmal der Europäischen Verfassungsgebung stellt gerade ihre auf Fortschritt und Weiterentwicklung angelegte Struktur dar. Der dynamische Charakter und die Prozesshaftigkeit der europäischen Integration kommen in den Verträgen selbst zum Ausdruck, so etwa in Absatz 1 des EWG-Vertrages, der von einem *„immer engeren Zusammenschluss der europäischen Völker"* spricht, oder etwa in Art. A des EU-Vertrages, welcher auf eine *„immer engere Union der Völker Europas"* hinweist.[179] Der europäische Einigungsprozess war bei Abschluss der Verträge in seinem Verlauf und in den Einzelheiten der Entwicklung kaum abzusehen, so dass es, um ihn zu steuern, einer Rechtsordnung bedurfte, die sich gegenüber wandelnden politischen und wirtschaftlichen Verhältnissen als genügend anpassungsfähig erweisen würde. Der EWG-Vertrag erfüllt diese Voraussetzungen durchaus, da er auf einen zukünftigen Entwicklungsprozess angelegt wurde. Allzu präzise Normierungen wurden verhindert, da sich diese im Nachhinein als zu starr und unbeweglich herausstellen konnten. Der EWG-Vertrag ist geprägt durch allgemeine Formulierungen und vage Rechtsbegriffe, *„mit deren Hilfe die Ziele der Verträge auch in solchen Bereichen verfolgt werden können, deren Bedeutung bei Vertragsschluss noch nicht erkannt war oder die seinerzeit rechtsstaatlich noch keine Rolle spielten."*[180]

Dem Gemeinschaftsrecht der Europäischen Union kommt eine instrumentale Funktion zu, wobei es nicht nur den Bestand der Gemeinschaft sichert, sondern auch zur Lenkung und Absicherung des Integrationsprozesses dient. Ebenso wie das materielle Recht der Verträge sind auch die institutionellen Strukturen von Offenheit geprägt. So ist beispielsweise das Verhältnis der Organe und Institutionen der Gemeinschaft nur ansatzweise in den Vertragstexten festgelegt.

Dies alles zeigt, dass die „Teilverfassung" bzw. die Gemeinschaftsverträge als „Integrationsverfassung" auf Flexibilität und Fortentwicklung angelegt sind, so dass auch der Begriff einer „Wandelverfassung" durchaus zutreffend erscheint.

---

179 vgl. Stein, Torsten (1995). Die europäische Verfassungsdiskussion. In. Rack, Reinhard. Eine Verfassung für Europa. Graz: Forschungsinstitut für Europarecht der Karl Franzens-Universität. S. 15-31. S. 24.

180 Schwarze, Jürgen/Bieber,Roland (1984). a.a.O. S. 34.

8. Fazit - Die „Europäische Teilverfassung"

Der überkommene Verfassungsbegriff ist gekennzeichnet durch seinen Staatsbezug.[181] Das Verfassungsdenken ist geprägt durch Ansätze, in welchen die Verfassung die Grundordnung eines Staates darstellt. Diese von der herrschenden Lehre vorgenommene Zentrierung der Verfassung auf den Staatsbegriff ist jedoch nicht zwingend notwendig. Staat ist nur eine, nicht aber die einzige Form, in der sich die Gesellschaft für die Zwecke des gemeinen Wohls organisiert. Zudem lässt die gegenwärtige Entwicklung einen Verlust an Glaubwürdigkeit und Problemlösungskompetenz des Staates erkennen, wodurch seine Rolle als ausschließlich denkbarer Zusammenschluss einer politischen Gemeinschaft immer mehr relativiert wird.[182] Angesichts von europäischer Integration und Globalisierung relativiert sich die Staatlichkeit zunehmend. Und wie bereits erwähnt, liefert auch die völkerrechtliche Praxis Beispiele von Organisationsstatuten, die zumindest im formellen Sinne als Verfassung bezeichnet werden können. So kann man festhalten, dass die Staatsbezogenheit des Verfassungsbegriffs ihrem Ende entgegengeht. Wenn die Verfassung jedoch als eine Art rechtliche Grundordnung eines politischen Herrschaftssystems zu verstehen ist, so steht der Verfassungsfähigkeit der EU als supranationales Herrschaftsgebilde zumindest „begrifflich" nichts entgegen. Die Befreiung des heutigen Verfassungsverständnisses von seiner herkömmlichen Staatsbezogenheit hat den Eintritt der Verfassungsfrage in die verfassungsrechtliche Debatte über die EU ermöglicht.

Die Meinungen der Europarechts- und Verfassungsexperten sind gespalten, wenn es um die Beantwortung der Frage geht, inwieweit die Europäische Union bereits eine Verfassung besitzt und ob - falls man nicht von einer Europäischen Verfassung sprechen kann - die EU denn überhaupt eine Verfassung brauche. Nach der Analyse des primären Vertragswerks der EU auf deren verfassungsmäßige Charakteristika kann man zu dem Schluss gelangen, dass das europäische Vertragswerk durchaus einige wesentliche Verfassungsmerkmale aufzuweisen hat, jedoch in seiner Gesamtheit nicht als „Vollverfassung" angesehen werden kann. Dieses, wie es Häberle nennt, *„Ensemble von Verfassungsprinzipien"*[183] reicht von gewissen normativen Qualitäten der Verträge über die begrifflich-terminologische Widerspiegelung von Verfassungsprinzipien bis hin zum räumlichen und zeitlichen Geltungsgrund des europäischen Primärrechts. So basiert die EU formal zwar auf völkerrechtlichen Verträgen, doch ihr Vertragswerk ist letztendlich Ausdruck für den demokratisch legitimierten Konsens

---

181 Deutlich artikuliert etwa bei Isensee, Josef/ Kirchhof, Paul (Hrsg.) (1987). Handbuch des Staatsrechts der Bundesrepublik Deutschland Band I. Heidelberg: Müller Juristischer Verlag. S. 50ff.

182 vgl. Dickstein, Michael (1998). a.a.O. S. 59ff.

183 Häberle, Peter (1998). a.a.O. S. 82.

der Mitgliedstaaten bzw. der Völker der Mitgliedstaaten, wodurch es zu einer schrittweisen Konstituierung der verfassungsrechtlichen Grundlagen der öffentlichen Gewalt auf europäischer Ebene kommen konnte bzw. kann. Festzuhalten bleibt jedoch, dass sich die Europäische „Teilverfassung" in erheblichem Maße durch die Verfassungen der Mitgliedstaaten konstituiert und legitimiert, und gerade dieses wechselseitige dialektische und komplementäre Verhältnis den speziellen Charakter der europäischen Verfassungsebene ausmacht.
Der partielle Verfassungscharakter der EU-Verträge ist und wird auch in Zukunft nur komplementär zu den nationalen Verfassungen der Mitgliedstaaten zu sehen sein, wodurch beide Verfassungsebenen eine einflussreiche Ergänzung erfahren. Die Wechselwirkung zwischen nationalem Verfassungsrecht und EU-Gemeinschaftsrecht ist unbestreitbar, vor allem ungeschriebene Verfassungs- und Verwaltungsgrundsätze des Europarechts hat sich in ihrer Ausprägung vielfach an gemeinsamen Rechts- und Verfassungsgrundsätzen der Mitgliedstaaten ausgerichtet. Das Europarecht hat im Laufe seiner Entwicklung wiederum begonnen auf nationale Verfassungsordnungen zurückzuwirken, wodurch Ansätze zu einem gemeineuropäischen Verfassungsrecht zu erkennen sind.[184] Die Legitimitätsfunktion des EU-Primärrechts wird nur auf unzureichende Weise eigenständig bzw. autonom erfüllt, sondern vielmehr wird dem Legitimitätsauftrag auf eine stark mediatisierte, über die Mitgliedstaaten laufende Art und Weise nachgekommen.
Im Zusammenhang mit der in mancher Hinsicht bestehenden Verfassungsqualität des europäischen Vertragswerks und deren wechselseitige Beziehung zu den nationalen Verfassungen ist zu bemerken, dass die Form der durch Verträge geregelten europäischen Verfassungsebene und dessen verfassungsmäßige Wirkungskraft sich zunehmend voneinander entfernen. Es besteht eine Kluft zwischen der Machart der EU-Rechtsordnung und deren Auswirkungen auf die mitgliedstaatlichen Rechtsebenen, welche immer größer zu werden scheint. Dies ist vor allem auf das Übergreifen des Integrationsprozesses in nahezu alle Politikbereiche zurückzuführen, welches als Konsequenz dazu eine klare vertragliche Festschreibung der politischen Rahmenbedingungen notwendig macht. Die Unionsverträge enthalten immer mehr Regelungen, die nach der europäischen Rechts- und Verfassungskultur der Freiheit, der Demokratie und des Rechtsstaates nur durch eine ganz besondere Art von Rechtsnormen, nämlich durch eine geschriebene Verfassung, Geltungsanspruch und somit Akzeptanz erlangen können.[185] Dieser Kluft zwischen Form (Vertragswerk) und Wirkung des europäischen Gemeinschaftsrechts kann man nur entgegentreten, wenn man als Konsequenz jener festgestellten partiellen Verfassungsqualität des europäi-

---

184 vgl. Schwarze, Jürgen (2000). a.a.O. S. 15ff.

185 vgl. Tsatsos, Dimitris (2000). a.a.O. S. 132ff.

schen Primärrechts das duale Verfassungswesen der Union berücksichtigt.[186] Das bedeutet, dass die EU-Teilverfassung nur komplementär zu den nationalen Verfassungen gesehen werden kann und darf, um somit eine „Europäische Gesamtverfassung" darzustellen.

Im Hinblick auf die Diskrepanz zwischen formaler und materieller europäischer Verfassungsebene stellt sich allerdings auch zunehmend die Frage, ob und inwieweit das Europäische Vertragswerk einer Revision bzw. einer „neuen" Verfassung bedarf, auf welche im vierten Kapitel dieser Arbeit näher eingegangen werden soll.

Im folgenden Abschnitt soll nun eine Analyse bzw. Beschreibung der „Legitimitätsproblematik" auf EU-Ebene erfolgen, welche im Zusammenhang mit der oftmals in der Literatur verwendeten These des „Demokratiedefizits" der EU untersucht und wodurch die Basis zur Beantwortung der zentralen Fragestellung dieser Arbeit geschaffen werden soll.

---

[186] vgl. ebd. S. 134ff.

III. Zur Legitimität und Demokratiequalität der EU

Literatur und Rechtsprechung äußern sich in der Frage, ob auf europäischer Ebene die Voraussetzungen für eine demokratische Legitimation gegeben sind, meist nur sehr kurz, doch äußerst bestimmt und dogmatisch. Einerseits findet man jene Meinungen, die davon ausgehen, dass die Bedingungen für eine demokratische Legitimation auf europäischer Basis nicht gegeben sind, da es kein europäisches Volk, keine europäischen Parteien, keine gemeinsame Sprache und folglich keinen gemeinsamen Raum politischer Kommunikation gibt. [187]
Andere wiederum, so wie Hans Peter Ipsen, halten demokratische Legitimation durch das Europäische Parlament mit dem derzeitigen EU-System unvereinbar und stehen einem parlamentarischen Regierungssystem auf EU-Ebene prinzipiell ablehnend gegenüber.[188] Weitere Stimmen plädieren für eine dogmatische Neuorientierung und fordern, dass die demokratische Grundnorm auf die Weise abgewandelt werden müsse, dass alle Gewalt der Europäischen Union von den Völkern der Mitgliedstaaten ausgehe.[189] Das breit gefächerte Meinungsspektrum kann jedoch nicht darüber hinwegtäuschen, dass all die genannten spezifischen Bedingungen demokratischer Legitimation auf europäischer Ebene meist aus Konzepten des staatlichen Bereiches übernommen wurden, ohne spezifische Berücksichtigung der Besonderheiten der supranationalen Ebene. Hierbei mangelt es nicht selten an einer zutreffenden Analyse der institutionellen Gegebenheiten der Europäischen Union.[190] Trotzdem erscheint es notwendig und sinnvoll sich zunächst mit der Konzeptionalisierung des Legitimitätsbegriffes zu befassen, um anhand der Darstellung verschiedener Ansichten eine weiterführende Untersuchung der Legitimitätsquellen auf europäischer Ebene vorzunehmen. Dabei soll versucht werden die Legitimitätsfrage auf einer Ebene jenseits der Staatlichkeit zu untersuchen, um somit bestimmte und ausgewählte Kriterien für legitimes Regieren auf europäischer Ebene ausfindig zu machen.

---

187 vgl. Lepsius, Rainer M. (1992). Zwischen Nationalstaatlichkeit und westeuropäischer Integration. In: Kohler-Koch, Beate (Hrsg.). Staat und Demokratie in Europa. Opladen: Leske&Budrich. S. 180-192. S. 182f.
vgl. weiters zu angesprochenen Punkten: Isensee, Josef (1993). Europa - die politische Erfindung eines Erdteils. In: ders. (Hrsg.). Europa als politische Idee und als rechtliche Form. Berlin: Duncker&Humblot Verlag. S. 103-138. S. 103ff.

188 vgl. Ipsen, Hans Peter (1993). Zur Exekutiv-Rechtsetzung in der Europäischen Gemeinschaft. In: Badura, Peter/Scholz, Rupert (Hrsg.). Wege und Verfahren des Verfassungslebens. Festschrift für Peter Lerche zum 65. Geburtstag. München: Beck Verlag. S. 425-441. S. 425ff.

189 vgl. Isensee, Josef (1993). a.a.O. S. 133.

190 Kluth, Winfried (1995). a.a.O. S. 45.

1. Zur Konzeptionalisierung von „Legitimität"

Als „Legitimation" kann der Prozess bezeichnet werden, über den Legitimität oder Massenloyalität hergestellt wird. Mit dem Begriff der „Legitimität" wird wiederum die Frage der Rechtfertigung politischer Herrschaft angesprochen, welche sich vor allem auf die Grundnormen, die sich im Laufe der Geschichte entwickelt und verändert haben - also auf Erfahrungen gegründetes Vertrauen - (Legitimitätsglaube der Bürger) bezieht.[191]
Die historisch gewachsenen Legitimationsstrukturen sind stark mit der Entwicklung der bürgerlichen Gesellschaft im klassischen Nationalstaat verbunden, wodurch aus ideengeschichtlicher Perspektive der Begriff der „Legitimität" nur begrenzt zur Analyse der europäischen Integration geeignet scheint.[192] Wie bereits erwähnt ist deshalb eine Übertragung jener Legitimationsstrukturen des demokratischen Nationalstaates auf die europäische Ebene kaum sinnvoll und somit erscheint das Instrumentarium der klassischen Legitimationstheorien für die Untersuchung der Besonderheiten des EU-Systems nicht geeignet. Trotzdem ist es kaum möglich, ganz auf sie zu verzichten, denn schließlich sind jene zu entwickelnden Legitimitätskriterien für das europäische System mit denen zur Evaluierung der Legitimität nationaler politischer Systeme verwandt.

„When discussing the political legitimacy of European policy making, one should not judge it by criteria that are more stringend or perfectionist than the ones we use for evaluating the legitimacy of national political systems."[193]

Legitimitätskriterien, die auf das europäische politische System angewandt werden können, erfordern einen hohen Grad an Abstraktion, um nicht im nationalstaatlich geprägten Demokratie- und Legitimitätsverständnis zu verharren. Um diese Kriterien zu ermitteln, die auch jenseits der Staatlichkeit operationalisierbar sind, erscheint es zunächst sinnvoll, grundlegende Begriffsbestimmungen von Legitimität darzustellen, die sich implizit auf die dem Nationalstaat zugrunde liegende politische Ordnung beziehen. Das Angebot an wissenschaftlicher Literatur zur begrifflichen Bestimmung von Legitimität kann ganze Bibliotheken füllen. Aus diesem Grunde sollen im Folgenden nun einige wesentliche Überlegungen zur Definition von Legitimität erfolgen, wobei vor allem jene von Interesse sind, welche sich für den weiteren Verlauf dieser Arbeit als zweckmäßig und hilfreich erweisen werden.

---

191 vgl. Kluth, Winfried (1995). a.a.O. S. 44.

192 vgl. Höreth, Marcus (1999). a.a.O. S. 74f.

193 Scharpf, Fritz (Hrsg.) (1999). Governing in Europe. Effective and Democratic. Oxford: Oxford University Press. S. 24.

Die Frage nach der Legitimität der politischen Ordnung nimmt in der Geschichte des abendländischen Denkens einen zentralen Stellenwert ein und gehört überdies zu den „Grundfragen" des menschlichen Seins.[194]
In der großen Auswahl häufig zitierter, das Problem der Legitimität behandelnder Literatur soll im Wesentlichen auf die Beiträge von Max Weber, Jürgen Habermas, Wilhelm Hennis und Niklas Luhmann verwiesen werden. Rechtfertigen lässt sich diese Selektion aus dem Grunde, dass es sich bei diesen Autoren bzw. ihren jeweiligen Werken um sogenannte „Klassiker" der neueren politikwissenschaftlichen Legitimitätsdebatte handelt.[195] Außerdem werden bei Durchsicht ihrer Debattenbeiträge wichtige Aspekte der Legitimität im normativen Sinne sichtbar, wodurch man zur Entwicklung eines „eigenen" Legitimitätskonzeptes gelangen kann, mit dessen Hilfe der weitere Untersuchungsgang innerhalb der EU durchgeführt werden kann.

Die im folgenden zu beschreibenden Beiträge zur Legitimitätsdebatte kann man im Wesentlichen in zwei Stränge des Nachdenkens über Legitimität differenzieren. Es handelt sich hierbei um Legitimitätsbegriffe, die zum einen als „empirisch-soziologisch" und zum anderen als „normativ-philosophisch" charakterisiert werden können. Auf beide soll im Folgenden nun kurz näher eingegangen werden.

1.1 Der „empirisch-soziologische" Legitimitätsbegriff

Die „empirisch-soziologische" Verwendung der Begriffe „Legitimität" und „Legitimation" steht noch heute fast gänzlich im Zeichen Max Webers, welcher die wichtigsten Motivationen für das Akzeptieren von Herrschaft untersucht hat.[196] In seinem Werk „Wirtschaft und Gesellschaft" stellt er zunächst fest, dass die Legitimitätsfrage immer an einen traditionellen, personalen oder institutionellen Herrschaftsanspruch geknüpft ist. Jede Herrschaft versucht dabei auf ihre Art den Glauben an die Legitimität zu erwecken.[197]
Weber sucht eine Antwort auf die Frage, wie sich die *„Vorstellung vom Bestehen einer legitimen Ordnung"*[198] erklären lässt, welche er von sozialen und politischen Bedingungen abhängig macht und wodurch völlig unterschiedliche Motivationen feststellbar sind. Hierbei unterscheidet Max Weber drei Typen legitimer Herrschaft, deren Legitimitätsgeltung primär sein kann:

---

194 vgl. Ronge, Frank (1998). a.a.O. S. 80.

195 vgl. Höreth, Marcus (1999). a.a.O. S. 75ff.

196 vgl. Schliesselberger, Hermann (1989). Aktuelle Probleme der Legitimität demokratisch verfasster Staaten. Diplomarbeit. Salzburg. S. 10ff.

197 vgl. Weber, Max (1964). Wirtschaft und Gesellschaft. Herausgegeben von: Winckelmann Johannes. Berlin: Duncker&Humblot Verlag. S.122ff.

198 vgl. Weber, Max (1964). S. 16.

1. rationalen Charakters: auf dem Glauben an die Legalität gesetzter Ordnungen und durch „rational geschaffene Regeln begründete sachliche Kompetenz" (legale Herrschaft) oder
2. traditionalen Charakters: „kraft des Glaubens an die Heiligkeit der von jeder vorhandenen Ordnungen und Herrengewalten (traditionale Herrschaft) und schließlich
3. Herrschaftscharismatischen Charakters: „kraft der Hingabe an die Person des Herrn und ihre Gnadengaben".[199]

Vor allem die unter dem ersten Punkt formulierte Legitimitätsgläubigkeit (also der Gehorsam gegenüber, in der üblichen Form und formal korrekt zustande gekommenen Entscheidungen) gilt heute als geläufiges Legitimationsmuster.[200]

Worum es dem empirisch-soziologischen Legitimationsbegriff geht, ist die möglichst genaue und wahrheitsgemäße Beantwortung der Frage, ob und aus welchen Motiven eine politische Ordnung von der ihr unterworfenen Rechtsgemeinschaft akzeptiert wird.[201] Kritisiert werden kann hierbei, dass Weber den Legitimationsbegriff rein auf den Legalitätsglauben verkürzt und nicht danach fragt, ob diese jeweiligen Herrschaftsformen ihre faktische Anerkennung auch verdienen.

1.2 Der „normativ-philosophische" Legitimitätsbegriff

Aus der „normativ-philosophischen" Perspektive ergibt sich für den Begriff der Legitimität eine völlig andere Bedeutung, die Jürgen Habermas in einer Definition auf den Punkt bringt, in der er die Legitimität als „*Anerkennungswürdigkeit eines politischen Ordnung*" bezeichnet.[202]

Die Anerkennung und Stabilität einer Herrschaftsordnung hängt für Habermas von einem vernünftig begründbaren, aber immer auch bestreitbarem Geltungsanspruch ab. Max Weber klammert in seiner Legitimitätsdebatte die Frage nach den Qualitäten aus, mit Hilfe welcher eine politische Ordnung als legitim im Sinne von anerkennungswürdig gelten kann. Jürgen Habermas hingegen versucht eine Antwort auf eben jene Frage zu finden, indem er eine Differenzierung der Bestrebungen von Legitimationsanstrengungen vornimmt. Er unterscheidet hierbei Legitimationsbemühungen zur „Systemintegration" und zur „Sozialintegration".[203] Bei ersterer wird die Massenloyalität durch die Effizienz

---

199 ebd. S. 122.

200 vgl. Schliesselberger, Hermann (1989). a.a.O. S. 11.

201 vgl. Höreth, Marcus (1999). a.a.O. S. 77.

202 vgl. Habermas, Jürgen (1976). Legitimationsprobleme im modernen Staat. In: Kielmansegg, Peter Graf (Hrsg.). Legitimationsprobleme politischer Systeme. Politische Vierteljahresschrift 1976. Sonderheft 7, S. 39-61. S. 39.

203 vgl. Habermas, Jürgen (1979). a.a.O. S. 41.

der Systemleistungen gesichert. Nach Habermas schafft aber eben diese Systemfunktion keine wirkliche Legitimität. Diese kann für ihn nur auf Basis der „Sozialintegration" erreicht werden. Der Staat muss daher, um als legitim zu gelten, die Gesellschaft in ihrer normativen Identität erhalten. Das schafft er dadurch, indem er ein menschenwürdiges Miteinander ermöglicht und zwar auf der Basis von Kommunikation bzw. Diskurs.[204] Der Staat muss jene Strukturen fördern, wodurch die Bürger einer Gesellschaft zur Partizipation angeregt werden bzw. ihnen direkte Beteiligung ermöglichen.
Der von Habermas postulierte politische Diskurs zeichnet sich im Weiteren vor allem dadurch aus, dass „nicht verallgemeinerungsfähige Interessen" - weil öffentlich nicht vorzeigbar - ausgeschlossen bleiben.[205] Im Vordergrund für die Legitimitätsbegründung steht für Habermas ein herrschaftsfreier Diskurs, wodurch eine objektive Beurteilung aller Argumente vorgenommen werden kann.[206]
Habermas stellt in seiner Ansicht über Legitimität keine operationalisierbaren und in diesem Sinne wirklich anwendbaren Prüfungsmaßstäbe der Legitimität zur Verfügung, mit deren Hilfe man die Anforderungen einer Herrschaftsordnung hinreichend bestimmen könnte. Diesen Versuch unternimmt hingegen Wilhelm Hennis, der nicht daran zweifelt, dass es einen Legitimitätsbegriff gibt, der *„kritisch-normativ und empirisch brauchbar ist."*[207]
Hennis nennt drei Faktoren zur Bestimmung legitimer Herrschaft. Diese bedarf:

1. der Autorität des Herrschers - „personale Ansehensmacht"
2. der Legitimität kraft Aufgabe, da ansonsten Herrschaft sinnlos ist, sowie
3. Strukturen, die Herrschaft limitieren und zur Konsensfindung beitragen.[208]

Bezüglich einer Rangordnung dieser drei Faktoren - Autorität, Aufgabe und Struktur - will sich Hennis nicht festlegen, allerdings muss jeder dieser Faktoren in irgendeiner Weise präsent sein, damit eine Herrschaft als politisch legitim angesehen werden kann.[209]
Abschließend soll noch kurz auf den „Systemtheoretiker" Niklas Luhmann verwiesen werden, für den die Frage nach den Mechanismen zur Erzeugung von Legitimation im Vordergrund steht. Luhmann definiert die Legitimität eines po-

---

204 vgl. ebd. S. 42.
205 vgl. ebd. S. 45.
206 vgl. Höreth, Marcus (1999). a.a.O. S. 79.
207 Hennis, Wilhelm (1976). Legitimität. Zu einer Kategorie der bürgerlichen Gesellschaft. In: Kielmansegg, Peter Graf (Hrsg.). Legitimationsprobleme politischer Systeme. Opladen: Nomos Verlagsgesellschaft. S. 9-38. S. 20.
208 vgl. ebd. S. 24ff.
209 vgl. Höreth, Marcus (1999). a.a.O. S. 80ff.

litischen Systems vorrangig durch die *„generalisierte Folgebereitschaft“*[210] der Adressaten ihrer Entscheidungen. Das hat zur Folge, dass die empirisch messbare Akzeptanz einer politischen Ordnung mit deren Legitimität gleichgesetzt wird. Legitimität wird über „Verfahren“ bewirkt und auf eine normative Bindung des Begriffes wird verzichtet, wodurch auch die Unterscheidung zwischen „guter“ und „schlechter“ Herrschaft aufgegeben wird. Legitimität erscheint bei Luhmann als eine Art generalisierte und routinisierte Fügsamkeitsmotivation, als eine als gegeben zu unterstellende pauschale Hinnahmebereitschaft inhaltlich noch unbestimmter, administrativer Entscheidungen.[211] Kritiker werfen der Luhmann'schen Konzeption vor, dass durch sie der Begriff der Legitimität im Sinne der inneren Anerkennung gesellschaftlicher und politischer Strukturen durch die Bevölkerung vorschnell und unbegründet aufgegeben wird.[212] In Frage gestellt wird auch die materielle Formalisierung des Legitimationsglaubens der Bevölkerung, welcher nach Luhmanns Thesen zur Systemstabilisierung beiträgt. Gegen diese Funktionalisierung des Legitimitätsbegriffes und seine Einschränkung auf den Aspekt der Systemintegration betont Jürgen Habermas die sozialintegrative Bedeutsamkeit von Legitimationsansprüchen, indem er, wie bereits erwähnt, Legitimität als die Anerkennungswürdigkeit einer politischen Ordnung definiert. Im Zusammenhang mit der für den weiteren Verlauf der Arbeit interessanten Problematik des „Legitimitätsdefizits“ der EU, soll auf die oben angegebene formale Definition von Jürgen Habermas zurückgegriffen werden, wonach Legitimität nur bedeuten kann, dass der mit der politischen Ordnung verbundene Anspruch als richtig und gerecht anerkannt wird, gute Argumente für sich hat und daher als legitime Ordnung Anerkennung verdient. *„Worauf es also letztlich zur Begründung von Legitimität ankommt, ist kriterienbasiertes Argumentieren.“*[213]

2. Kriterien für legitimes Regieren

Das Legitimitätsverständnis auf europäischer Ebene muss weniger von einem bestimmten ontologischen Gehalt von Legitimität ausgehen, als von der Überzeugung, dass sich die Legitimität einer politischen Ordnung dadurch erweisen lässt, dass gute Argumente für sie sprechen.[214] Ein solches Legitimitätsverständnis darf nicht „geschlossen“ bzw. an unverrückbare Werte gebunden

---

210 vgl. Luhmann, Niklas (1969). Legitimation durch Verfahren. Neuwied: Luchterhand Verlag. S. 28.

211 vgl. ebd. S. 30ff.

212 vgl. Heidorn, Joachim (1982). Legitimität und Regierbarkeit. Berlin: Duncker&-Humblot Verlag. S. 118ff.

213 Höreth, Marcus (1999). a.a.O. S. 81.

214 vgl. Höreth, Marcus (1999). a.a.O. S. 81.

werden, sondern muss vielmehr „offen" sein, um somit Raum für unterschiedliche Legitimitätsideen zu lassen, insofern sie mit guten Argumenten belegt werden können.

Vor diesem Hintergrund und im Anschluss an Wilhelm Hennis Legitimitätsverständnis ist zu vermuten, dass mehrere Faktoren erfüllt sein müssen, um legitimes Handeln auf der Ebene der Europäischen Union zu ermöglichen. Aus diesem Grunde erscheint es notwendig, ein mehrdimensionales Legitimitätskonzept anzuwenden, um Legitimitätskriterien auf europäischer Ebene anwenden zu können.
Hierbei soll auf das von Marcus Höreth entwickelte Konzept des „Legitimationstrilemmas" auf europäischer Ebene verwiesen werden, welcher sich in seinem Entwurf auf die politische Herrschaft im Dreiklang beruft: *„government for the people, by the people and of the people".*[215]

Daraus wiederum lassen sich drei Dimensionen legitimen Regierens ableiten, auf welche ich im Folgenden näher eingehen möchte:[216]

1. die Beteiligungsdimension - „Input-Legitimation"
2. die Leistungsdimension - „Output-Legitimation"
3. die Identitätsdimension - „Soziale Legitimation"

Wie zu zeigen sein wird, kann nicht nur die Legitimität des Regierens eines Staates anhand dieser Kriterien gemessen werden, sondern auch die Legitimität des Regierens jenseits von Staatlichkeit, also auch das Regierungssystem der EU.[217]

2.1 „Input-Legitimität"

Die Legitimität des Regierens hängt im wesentlichen Maße von der Beteiligung bzw. vom „input" der Bürger an der Entscheidungsfindung innerhalb der demokratischen Verfahren ab. Folglich lässt sich jedes politische System durch die Willensäußerungen und artikulierten Interessen der Bürger rationalisieren.
Nach Robert Dahl muss Demokratie als „government by the people" folgende fünf Kriterien erfüllen:

1. *„effective participation of the citizens*
2. *voting equality at the decisive stage*
3. *an enlightened understanding of the matters to be decided*
4. *citizen control of the agenda*

---

215 vgl. ebd. S. 82.

216 vgl. ebd. S. 83ff.

217 vgl. hierbei ebenso Scharpf, Fritz (1999). a.a.O. S. 6ff. - Scharpf unterscheidet jedoch nur zwei Legitimitätskriterien („input" und „output").

5. *inclusion of all adults subject to the binding collective decisions of the association.*“[218]

Daraus folgt, dass für die Mitglieder eines Gemeinwesens vielfältige Möglichkeiten existieren müssen, ihre Zustimmung bzw. Nicht-Zustimmung zu den Regierenden unverfälscht zum Ausdruck bringen zu können. Als direkte demokratische Legitimationsgrundlage auf europäischer Ebene dient hierbei das Europäische Parlament, welches die einzige direkt gewählte und daher öffentlich verantwortliche EU-Institution darstellt und somit durch direkte demokratische Partizipation der Wähler in der Lage ist, als Legitimitätsträger aufzutreten. Obwohl das Europäische Parlament vor allem im Vergleich zum Rat noch immer eine eher untergeordnete Rolle spielt, so erscheint es als Legitimitätsträger europäischer Politik ausreichend qualifiziert.[219] Auf europäischer Ebene sind zudem Verfahren verstärkter Herrschaftskontrolle erforderlich, die zumindest die indirekte Beteiligung der Herrschaftsunterworfenen an der Herstellung allgemein verbindlicher Beteiligung garantieren.[220] Die Europäische Union kann ihrem politischen System eigener Art nur dann Rechnung tragen, wenn sie diesen demokratischen Grundsätzen folgt.

2.2 „Output-Legitimität“

„Die Legitimität eines jeden politischen Systems hängt von seiner Fähigkeit ab, effiziente und effektive Problemlösungen zu produzieren, die den Bedürfnissen, Wünschen und Zielen der Regierten entsprechen.“[221]

Innerhalb der „Leistungs-Dimension“ legitimer Herrschaftsausübung bedarf es daher institutioneller Vorkehrungen, die einerseits den Missbrauch von Herrschaft verhindern und andererseits die effektive Verwendung der Herrschaftsinstrumente zugunsten gemeinsamer öffentlichen Interessen ermöglichen. Wie bereits erwähnt, zeigt auch Wilhelm Hennis die Wichtigkeit der Legitimität „kraft Aufgabe“ auf, da eine Herrschaft, die sich nicht mittels ihrer Aufgabe zu legitimieren vermag, für ihn „sinnlos“ erscheint.

Für die Europäische Union lassen sich daraus folgende Schlüsse ziehen: Die EU stellt ein neuartiges politisches Gebilde dar, das nur im geringen Ausmaß über Zwangsmittel verfügt. Das bedeutet, die EU ist bei der Durchsetzung ihrer Entscheidungen in einem hohen Maß auf die Folgebereitschaft der Bürger

---

218 vgl. Dahl, Robert (1989). Democracy and Its Critics. New Haven: Yale University Press. S. 109ff.

219 vgl. Höreth, Marcus (1999). a.a.O. S. 93.

220 vgl. Jachtenfuchs, Markus/Diez, Thomas/Jung, Sabine (1996). Regieren jenseits von Staatlichkeit? Legitimationsideen in der Europäischen Union. Mannheim: Mannheimer Zentrum für Europäische Sozialforschung. S. 45ff.

221 Höreth, Marcus (1999). a.a.O. S. 85.

angewiesen. Als „government for the people“ legitimiert sich die EU folglich vorrangig durch ihren „Problemlösungscharakter“, d.h. durch die Effizienz und Effektivität ihrer Problemverarbeitung, die sie allerdings ständig aufs Neue unter Beweis zu stellen hat.[222] Der utilitaristische Legitimationsstrang europäischer Herrschaftsausübung ist noch immer sehr stark ausgeprägt, da die EU seit ihrer Gründung dem Frieden und der öffentlichen Wohlfahrt in Europa dient.[223]
Solange die Europäische Union als reiner Zweckverband funktionaler Integration angesehen wurde, reichte diese Art der Legitimation prinzipiell aus, um Entscheidungen zu rechtfertigen. Vernachlässigt wurde hierbei jedoch die input-orientierte Legitimation, auf die man sozusagen nicht „angewiesen“ war. Doch nachdem der einzigartige Charakter der EU als überstaatliche politische Ordnung zunehmend in das öffentliche Bewusstsein rückte und nachdem die Entscheidungsbefugnisse der EU jene eines reinen Zweckverbandes überstiegen, wuchs auch die Forderung nach einem weniger „output-orientierten“ Legitimationsstrang auf europäischer Ebene. Trotzdem gilt, *„solange die EU als Problemlösungsgemeinschaft ihre an sie übertragenen Aufgaben erfolgreich meistert, kann sie aus der Output-Perspektive als hinreichend gerechtfertigt gelten.“*[224]

2.3 „Soziale Legitimität“

Die vorangegangene Darstellung hat deutlich gemacht, dass sich ein politisches System auf zweierlei Art und Weise zu legitimieren vermag: einerseits durch seinen „input“ auf der Beteiligungsebene und andererseits durch seinen „output“ auf der Leistungsebene. Es ist jedoch fraglich ob diese beiden Legitimationsstränge eine ausreichende Basis zur Beschreibung und Darlegung der Legitimität des Regierens auf europäischer Ebene - also jenseits der Staatlichkeit - darstellen.

„In diesem Zusammenhang dürfen nicht nur input- und output-orientierte Argumente gegeneinander abgewogen werden, ohne nach den jeweiligen soziokulturellen, institutionellen und strukturellen Bedingungen zu fragen, von denen ihre spezifische Legitimationskraft abhängt.“[225]

Im supranationalen Kontext darf gerade die Frage nach der dritten Dimension legitimen Regierens - der „Identitätsdimension“ - nicht außer Acht gelassen werden. Hierbei geht es vorrangig um die Ermittlung der sozialen und strukturellen

---

222 vgl. ebd. S. 93.
223 vgl. von Bogdandy, Armin (1993). Supranationale Union als neuer Herrschaftstypus: Entstaatlichung und Vergemeinschaftung in staatstheoretischer Perspektive. In: Integration 1/1993, Nr. 16, S. 220.
224 Höreth, Marcus (1999). a.a.O. S. 93.
225 ebd. S. 88.

Bedingungen, die gegeben sein müssen, damit „majoritäres" Regieren unter Verwendung des Mehrheitsprinzips als legitim angesehen werden kann und somit als „sozial" anerkannt erscheint. Das kann nur unter besonderer Berücksichtigung der Beschaffenheit des Demos und seiner Identität erfolgen. Besonders auf europäischer Ebene stellt die Ermittlung des Grades an struktureller und sozio-kultureller Integration des zugrundeliegenden Gemeinwesens eine enorme Herausforderung dar.

„Social legitimacy for the EC depends upon the strength (or weakness) of popular recognition of their shared membership of a broader political community."[226]

Diese „soziale" Legitimität hängt auf Ebene der Europäischen Union zu einem ganz wesentlichen Teil von der demokratischen Rückkoppelung der Union mit ihren Mitgliedstaaten ab. Denn gerade die formale Legitimität der EU beruht noch immer indirekt auf den Mitgliedstaaten - den Unterzeichnern der Europäischen Verträge - und ihren Parlamenten. Es wird deutlich, dass das EU-Regierungssystem nicht auf die vermittelnde Legitimationskraft der Mitgliedstaaten verzichten kann, da auf nationaler Ebene die identitären Voraussetzungen für legitimes Regieren erfüllt sind. Aus diesem Grunde kann man synonym zur „sozialen" Legitimität der EU den Begriff der „Legitimation über Mitgliedstaaten" verwenden.

2.4 Die Interdependenz der Legitimitätsstränge – Das Legitimitätstrilemma"[227]

Die drei eingangs beschriebenen Legitimitätsstränge stehen in einem Wechselwirkungs- sowie Abhängigkeitsverhältnis zueinander. Das bedeutet, dass sie sowohl konfliktär als auch kompensierend miteinander in Beziehung treten können.

Zunächst soll im Folgenden kurz auf die verschiedenen Möglichkeiten eingegangen werden, den Erfordernissen legitimen Regierens auf europäischer Ebene gerecht zu werden. Marcus Höreth sieht in seinem Werk über das „Legitimationstrilemma" der EU folgende Möglichkeiten die „Input"-Seite legitimen Regierens zu stärken.

Zum einen durch Regieren mittels „Konsens" und zum anderen durch das Regieren mit Hilfe der „Mehrheit".[228] Regieren durch Konsens beansprucht die größtmögliche Übereinstimmung zwischen verschiedenen durch politische Maßnahmen betroffenen Gruppen. Regieren durch die Mehrheit hingegen erlangt

---

226 Wallace, William/Smith, Julie (1995). Democracy or Technocracy? European Integration and the Problem of Popular Consent. In: West European Politics 18/1995, Nr.3, S. 153.

227 vgl. Höreth, Marcus (1999). a.a.O. S. 95.

228 vgl. ebd. S. 96ff.

seine Rechtfertigung dadurch, dass die getroffenen Entscheidungen den Vorstellungen und Wünschen der Mehrheit einer politischen Gemeinschaft entsprechen.[229] Von der „input"-Perspektive betrachtet, spricht vieles für die konsensuale Entscheidungsfindung. Ihre Defizite liegen allerdings in der „output"-Seite legitimen Regierens, da die Suche nach konsensualen Entscheidungen oftmals effektive und effiziente Maßnahmen erschweren kann. Das „majoritäre" Regierungssystem zeichnet sich durch eine höhere Problemlösungskompetenz aus, da es über abweichende Präferenzen von Minoritäten hinwegsehen kann.
So kann vermutet werden, dass eine Verstärkung des (majoritären) Demokratieprinzips auf Europäischer Ebene („Input-Legitimität") zu Leistungseinbußen der bisherigen oftmals „technokratischen" Problemverarbeitung führen könnte und die vermittelnde Legitimationskraft der Mitgliedstaaten eingeschränkt wird, da diese nunmehr zusehends in die Rolle reiner Adressaten von Entscheidungen treten (siehe Abbildung 1). Hingegen kann ein durch „Effizienz" geleiteter Reformversuch zur Steigerung der Problemlösungsfähigkeit („Output"-Legitimität) dazu führen, dass das Demokratieprinzip der Beteiligung der Herrschaftsunterworfenen an der Herstellung allgemeinverbindlicher Entscheidungen, auf europäischer Ebene keine entsprechende Berücksichtigung mehr findet, und die über die Mitgliedstaaten vermittelte Legitimität könnte dadurch wesentlich geschwächt werden (siehe Abbildung 2).
Aus der „Identitäts"-Perspektive stellt sich bei Mehrheitsentscheidungen das Problem, inwieweit sich diese Mehrheitsherrschaft in der Öffentlichkeit begründen bzw. rechtfertigen lässt. Das kann und muss durch institutionelle Vorkehrungen geschehen, die zum einen die individuellen Rechte jedes einzelnen schützen, unabhängige Kontrollorgane anstreben, sowie andere Formen von „checks and balances" vorsehen. Eben dieser „Identitäts"-Bedingung legitimen Regierens muss - im Zusammenspiel zwischen „input"- und „output"-Faktoren - auf transnationaler Ebene noch mehr Rechnung getragen werden als auf nationaler Ebene. Der Grund dafür liegt darin, dass sowohl die „input"-orientierte als auch „output"-orientierte Legitimation politischer Prozesse davon abhängig ist, inwieweit die soziale Integration und somit die zugrundeliegende Identität des politischen Gemeinwesens ausgeprägt sind.[230]

Ein hohes Maß an sozialer und kultureller Integration stärkt sowohl die input-orientierte als auch die output-orientierte Legitimationskraft eines politischen Systems. Umgekehrt ist es genauso - je stärker die Leistungsfähigkeit und somit die „output"-Dimension eines Systems, desto stärker ist auch seine sozialintegrative Kraft.

---

[229] vgl. Lijpahrt, Arend (1984). Democracies. Patterns of Majoritarian and Consensus Government in Twenty-One Countries. New Haven: Yale University Press. S. 211ff.

[230] vgl. Höreth, Marcus (1999). a.a.O. S. 97ff.

Eine verstärkte Rückkoppelung der europäischen mit der nationalen Politik (Verstärkung der „sozialen Legitimität" der EU), beispielsweise durch eine strikte Einhaltung des Einstimmigkeitsprinzips, kann dazu führen, dass die Problemlösungsfähigkeit der EU durch erschwerte Entscheidungsverfahren verringert wird und das Europäische Parlament zur Bedeutungslosigkeit verurteilt wird (siehe Abbildung 3).

Abbildung 1: Erhöhung der Input-Legitimation[231]

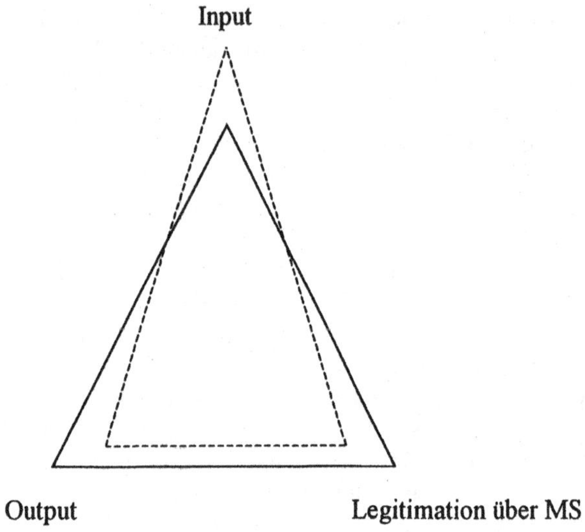

[231] vgl. Höreth, Marcus (1999). a.a.O. S. 99.

Abbildung 2: Erhöhung der Output-Legitimation[232]

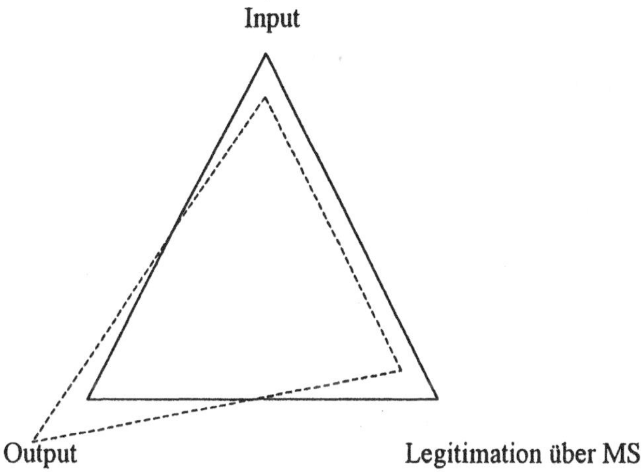

Abbildung 3: Erhöhung der über die Mitgliedstaaten vermittelten Legitimation[233]

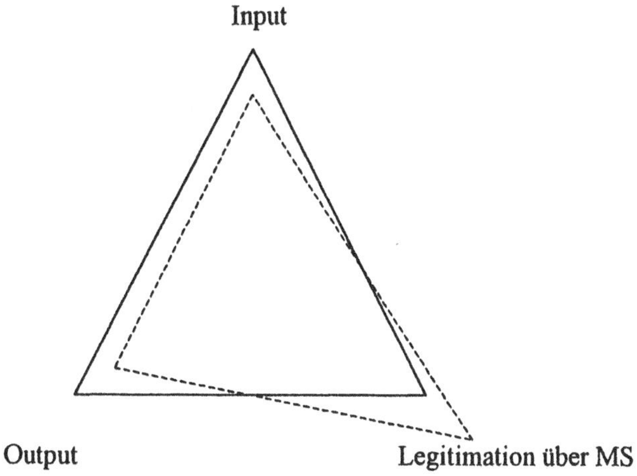

---

232 ebd. S. 99.
233 ebd. S. 100.

Diese Auswahl an Möglichkeiten, die verschiedenen Legitimationsstränge eines politischen Systems zu stärken, lässt deutlich erkennen, wie hoch die Interdependenz und die Abhängigkeit derselben voneinander ist. Gerade diese Verflechtung der verschiedenen Legitimationsdimensionen erschwert es, besonders auf europäischer Ebene effiziente Reformoptionen zur Steigerung der Legitimität zu finden. Der Leitspruch muss hierbei lauten: Nicht die Maximierung eines Stranges, sondern nur die Optimierung bzw. Steigerung eines Legitimitätsstranges unter Berücksichtigung der anderen Quellen legitimen Handelns kann zum Erfolg der Reformoptionen und zur Erhöhung der Legitimität führen.
Wie bereits erwähnt, erscheint es im Zusammenhang mit der näheren Betrachtung der Legitimitätsproblematik auf EU-Ebene erforderlich, sich mit der Entwicklung derselben im historischen Kontext des Integrationsprozesses auseinander zu setzen, da sich das Legitimitätsdefizit der EU in einem langfristigen Prozess entwickelt hat und dadurch im Laufe der Zeit neue Formen bzw. Muster angenommen hat.

3. Die Legitimitätsproblematik der EG/EU im historischen Kontext

Historisch betrachtet, kamen die Thematisierung und Problematisierung der Legitimationsgrundlagen, auf denen die europäische Integration beruht, um so stärker auf, je schneller die Integration voranschritt.[234] Aus diesem Grunde soll nun ein kurzer Problemaufriss der Legitimitätsproblematik der EG/EU im historischen Wandel der weitergehenden Debatte folgen. Hierbei soll versucht werden, die Entwicklung der Europäischen Union nach „Legitimationsphasen" zu unterteilen, wodurch die europäische Integration in verschiedenen Perioden ihrer Entwicklung durch jeweils unterschiedliche Grundlagen ihre Legitimation erhielt, bis letztendlich die „Illegitimität" der Union in die Debatte aufgenommen wurde. Hierbei kann man folgende Phasen unterscheiden:

- Legitimation „kraft Aufgabe" (Anfänge - Mitte der 60er Jahre)
- Indirekte Legitimation über die Mitgliedsstaaten (Mitte 60er - Mitte 80er Jahre)
- Das „Legitimitätsdefizit" (Mitte der 80er Jahre - heute)

3.1 Legitimation „kraft Aufgabe"

Die Institutionen der EG - die Kommission, der Rat und der Gerichtshof - sind ganz bewusst ohne unmittelbare demokratische Rückbindung konzipiert worden. In der Tat ging Monnets euroapolitisches Leitbild davon aus, dass sich durch die

---

234 Höreth, Marcus (1999). a.a.O. S. 28ff.

in den europäischen Institutionen organisierte Produktion öffentlicher Güter und die gemeinsame Anstrengung zum Wiederaufbau in Europa die Unterstützung der EG durch die Öffentlichkeit erhöhen würde. Dabei waren die dafür geschaffenen Institutionen primär effektive und problemlösungsorientierte Instrumente, um die Friedenserhaltung in Europa als grundlegendes Ziel europäischer Einigung zu erfüllen.[235]
Jean Monnet setzte für die Dynamik des Integrationsprozesses von Anfang an auf die Rolle von Technokraten und Eliten, was sich nur schlecht mit den klassischen Prinzipien repräsentativer Demokratie verbinden ließ. Aus diesem Grunde spielte das repräsentative Element von Anfang an eine untergeordnete Rolle im System der Union. Trotz dieses von Anfang an bestehenden formalen Demokratiedefizits stellte sich die Frage nach der Legitimität der europäischen Integration zunächst nicht, denn es war der Erfolg, der diesem Vorgehen durchaus Recht gab. Im Jahre 1951 begann mit der Unterzeichnung zur Gründung der Europäischen Gemeinschaft für Kohle und Stahl die Erfolgsgeschichte, die durch die zu erwartenden Wohlfahrtsvorteile die öffentliche Zustimmung in Europa erlangte und die Legitimität des Einigungswerkes hinreichend begründete.[236] Und solange die EG überdies (noch) nicht als ein im Werden begriffenes politisches Gemeinwesen betrachtet wurde, legitimierte sie sich in ausreichender Weise „kraft Aufgabe."[237]

3.2 Indirekte Legitimation

Wie bereits angeführt, bestand in den ersten beiden Jahrzehnten der Europäischen Gemeinschaft kaum ein Anlass, über die Legitimationsproblematik nachzudenken. Auch die nationale Souveränität der Mitgliedstaaten blieb in der Anfangsphase des Integrationsprozesses weitgehend unangetastet, obwohl auf streng limitierten Politikfeldern ein Transfer nationaler Autorität auf die europäische Ebene durchaus stattgefunden hat.[238] Und doch begannen Mitte der 60er Jahre einige Europapolitiker, über die demokratische Legitimationsgrundlage der Europäischen Gemeinschaft nachzudenken. Darunter befanden sich unter anderem der erste Kommissionspräsident Walter Hallstein, welcher den Begriff des „unvollendeten Bundesstaats" im Zusammenhang mit der Gemeinschaft proklamierte und somit als einer der ersten auf eine mögliche „Finalität" der EG

---

[235] vgl. Kluth, Winfried (1995). Die demokratische Legitimation der Europäischen Union. Eine Analyse der These vom Demokratiedefizit der EU aus gemeineuropäischer Verfassungsperspektive. Berlin: Duncker&Humblot Verlag. S. 29ff.

[236] vgl. Wallace, William/Smith, Julie (1995). a.a.O. S. 114.

[237] vgl. Schneider, Heinrich (1994). Die Legitimitätskrise der europäischen Integration. In: Furtak, Robert K. (Hrsg.). Politik und Bildung als Zukunftsgestaltung. Landau: Knecht Verlag. S. 221-279. S. 235.

[238] vgl. Höreth, Marcus (1999). S. 35.

zu sprechen kam.[239] Solch föderale Leitbilder haben bis zu Beginn der 80er Jahre jedoch wenig Anhänger gefunden. Zu diesem Zeitpunkt reichte die indirekte Legitimierung des europäischen Integrationsprozesses über ihre Mitgliedstaaten und deren Parlamente aus, zumal diese als „Herren der Verträge" den Verlauf der europäischen Integration völlig unter Kontrolle hatten. Der funktionalistische Gründungsgedanke Monnets konnte somit weiter am Leben erhalten werden, da man der Auffassung war, es seien letztendlich doch die Mitgliedstaaten, welche die Zügel der europäischen Entwicklung in Händen hielten. Somit wurde die bereits angesprochene „sachlogische" Legitimitätsgrundlage der Europäischen Gemeinschaft „kraft Aufgabe" zwar nicht unbedingt durch die indirekte Legitimierung über deren Mitgliedsstaaten abgelöst, doch mit Sicherheit in ihrem Fortbestand weiter bestärkt. So schien sich eine Problematisierung der Grundlagen europäischer Legitimität zwar bereits anzukündigen, doch sie konnte in ihrer „Intensität" vehement beschränkt werden.

3.3 Das „Legitimitätsdefizit"

Aus legitimatorischer Sicht wurde der Integrationsprozess in den ersten Jahrzehnten kaum in Frage gestellt, zumal die Gemeinschaft die begrenzten Probleme einiger weniger Politikbereiche, die europäische Lösungen verlangten, erfolgreich meistern konnte.
Diese Einschätzung der Legitimitätsproblematik konnte mehr oder weniger bis Mitte der 80er Jahre aufrechterhalten werden. Falls doch Zweifel an den demokratischen Legitimitätsgrundlagen der Gemeinschaft auftraten, so konnten diese zumeist durch „überzeugende" Aussagen, wie z.B. folgender zerschmettert werden:

„Und wenn es offensichtlich war, dass die Einigung Europas dem Frieden und der Wohlfahrt diente, war dann die Legitimitätsfrage nicht aufs Überzeugendste beantwortet?"[240]

Erst mit der Verabschiedung der Einheitlichen Europäischen Akte und im folgenden mit dem Vertrag von Maastricht wurde die Frage nach den Legitimationsgrundlagen des europäischen Integrationsprojektes zunehmend gestellt.[241] Und auch erst jetzt wurde von der breiteren Öffentlichkeit erkannt, dass es sich bei der Europäischen Union um ein politisches, im Aufbau befindendes Gebilde handelt, welches einer demokratischen Legitimation bedarf. Die

---

239 vgl. Hallstein, Walter (1969). Der unvollendete Bundesstaat. Düsseldorf: Econon Verlag. S. 12ff.

240 Kielmansegg, Peter Graf (1996). Integration und Demokratie. In: Kohler-Koch, Beate/ Jachtenfuchs, Markus (Hrsg.) Europäische Integration. Opladen: Leske&Budrich Verlag. S. 47-73. S. 47.

241 vgl. Höreth, Marcus (1999). a.a.O. S. 38.

bisher vorherrschende Meinung vom „funktionellen Zweckverband" der EU verlor zunehmend an Erklärungs- sowie an Überzeugungskraft. Angesichts der Integrationsentwicklung durch die EEA entstand nunmehr ein europäischer Ordnungsrahmen für die Mitgliedstaaten der EU.
Zahlreiche Souveränitätskompetenzen wurden an die überstaatliche Ordnung der EU abgetreten und viele neue Politikfelder, die sich ehemals in staatlicher Souveränität befanden, wurden „europäisiert".[242] Zu diesem Zeitpunkt sollte sich auch zeigen, dass die bis dahin herrschende *„direkte Leugnung der Legitimitätsfrage"*[243] problematische Folgen nach sich gezogen hat.

Auch der langjährige Kommissionspräsident Jacques Delors widmete sich im Jahre 1993 der Legitimitätsproblematik der EU, wobei er feststellte:

„Diese „Methode Jean Monnet" war in der Gründungsphase der Gemeinschaft durch die Kühnheit des Projekts vermutlich gerechtfertigt...doch wir zahlen den Preis für das aufgestaute Defizit an Erklärung und an tiefergehenden Debatten über Sinn und Zweck der Gemeinschaft." [244]

Die sogenannte „Monnet-Methode" war nunmehr endgültig an ihre Grenzen gestoßen. Das effektive Ausmaß der Europäischen Integration wurde zunehmend erkannt und die neugewonnene Integrationsdynamik, die 1986 mit Unterzeichnung der EEA ihren Anfang fand, löste einen fast 20 Jahre andauernden Zustand der „Eurosklerose"[245] ab. Im Zuge dieser Dynamik wurden eine Vielzahl wirtschafts- und sozialpolitischer Entscheidungen, die ehemals in den nationalen Souveränitätsbereich gefallen waren, von der Europäischen Gemeinschaft in ihren Herrschaftsanspruch gezogen. Die voranschreitende Politisierung der Integration sowie die Ausweitung ihres Wirkungsbereiches in sensible politische Bereiche forderte nunmehr eine zunehmende Beachtung der Fragen, die Gemeinschaftsbildung betreffend.
In Frage stand nun nicht mehr lediglich, ob sich die Gemeinschaft in einzelnen Politikbereichen hinreichend durch Leistung legitimiert, sondern auch die generelle demokratische Qualität des Entscheidungssystems. Die Legitimitätszweifel, die aufkamen, waren eng mit der Entdeckung des europäischen Demokratiedefizits verbunden, auf welches in einem der folgenden Kapitel näher eingegangen wird.
In diesem Zusammenhang erscheint die Durchsicht der Literatur klassischer Integrationstheorien interessant, da man auch hierbei zur Annahme gelangen kann,

---

242 vgl. Kühnhard, Ludger (1993). Europäische Union und föderale Idee. Europapolitik in der Umbruchzeit. München: Beck-Verlag. S. 129.
243 vgl. Ronge, Frank (1998). a.a.O. S. 23.
244 Delors, Jacques (1993). Entwicklungsperspektiven der Europäischen Gemeinschaft. In: APUZ 43/1993. S. 3ff.
245 vgl. Höreth, Marcus (1999). a.a.O. S. 39.

dass bisher zumeist nur bestimmte Bereiche des institutionellen Gefüges des europäischen Einigungswerkes - und damit auch nur bestimmte Maßnahmen zur Legitimationsbeschaffung - im Mittelpunkt des Interesses standen.

4. Zum Legitimationsbedarf der EU: Antworten der Integrationstheorie

Wie es bei allen politischen Systemen der Fall ist, so übernimmt auch die Europäische Union eine autoritative Allokation von Werten.[246] Verbunden mit diesem Anspruch entwickelte sich eine supranationale Ordnung eigener Art, was die EU zu einem beliebten Untersuchungsgegenstand verschiedenster theoretischer Ansätze werden ließ. Die immense Vielfalt verschiedenster theoretischer Integrationsansätze[247] verlangt daher im Rahmen dieser Arbeit eine klare Eingrenzung. Deshalb wird im Folgenden auf die in der Fachliteratur entwickelte durchgängige Systematik der Integrationsansätze zurückgegriffen, wonach die grundlegenden integrationstheoretischen Ansätze des Föderalismus, des (Neo)-Funktionalismus und des Intergouvernementalismus näher beleuchtet werden sollen. Zusätzlich soll ein neuerer Ansatz zur Erfassung der Probleme der europäischen Integration hinzugefügt werden, welcher sich mit dem Schlagwort „Multilevel Governance" charakterisieren lässt.
Untersucht werden die eben angeführten integrationstheoretischen Ansätze vor allem unter den Aspekt der mangelnden Legitimation der EU-Ebene bzw. des Legitimationbedarfs derselben, denn hierbei stellen die genannten Theorien unterschiedliche Denk- bzw. Lösungsmodelle zur Verfügung.

4.1 Föderalismus

Der integrationstheoretische Ansatz des Föderalismus ist eng mit dem Namen Carl Joachim Friedrich verbunden, welcher die europäische Integration als föderativen Prozess ansieht, der somit dynamisch und nicht statisch angelegt ist.[248] Ausgehend davon liegt der Schwerpunkt seiner Analyse auf den Prozessen, den Akteuren und deren Interaktionen in föderalen Systemen.[249]
Definiert man nun ein föderales System mit Hilfe Friedrichs als *„union of groups, united by one or more commen objectives, but retaining their distinctive*

---

246 vgl. Easton, David (1953). The Political System. New York: Knopf Verlag. S. 109ff.

247 vgl. hierzu die Übersicht bei Giering, Claus (1997). Europa zwischen Zweckverband und Superstaat. Die Entwicklung der politikwissenschaftlichen Integrationstheorien im Prozeß der europäischen Integration. Bonn: Europa Union-Verlag. S. 26ff.

248 vgl. Friedrich, Carl Joachim (1968). Trends of Federalism in Theory and Practice. Europe an Emergend Nation. New York. Evanston. S. 177ff.

249 vgl. Höreth, Marcus (1999) a.a.O. S. 108ff.

group character for other purposes"[250], so erscheint die Übertragbarkeit dieser Definition auf die Europäische Union als einleuchtend und plausibel. Friedrich geht es in erster Linie um die Feststellung des „degree of federalism" des europäischen Systems, welches er empirisch-deskriptiv mit Hilfe von soziologischen Kriterien festzustellen versucht, und wobei die Frage nach dem Aufbau der institutionalisierten Exekutive nicht ausbleibt. Denn nur wenn diese Ordnungsfrage geklärt ist, lässt sich nach Friedrichs Überzeugung der Föderalisierungsprozess zu einer immer engeren Union fortsetzen.[251]

„*Friedrich lässt damit den Utopismus jener Europafreunde hinter sich, die erst in einer europäischen Verfassung den Beginn einer erfolgreichen Integration erblicken konnten.*"[252]

Damit hat er den theoretischen Grundbau geschaffen, „*die den europäischen Integrationsprozess als Föderalisierung einer internationalen Organisation verstehen und dies zu einer Zeit, in der wenig auf einen immer engeren Zusammenschluss der Völker hingedeutet hat.*"[253] In der integrationstheoretischen Debatte kommt der föderalistische Ansatz vor allem in zweierlei Hinsicht zum Einsatz: Zum einen wird er als europapolitisches Leitbild genutzt, der dafür plädiert, dass die EU sich möglichst bald zu einem Bundesstaat entwickeln muss - um Effizienz- und Legitimationsprobleme in den Griff zu bekommen - und zum anderen wird er als Analyseinstrument genutzt, um Föderalismustendenzen der EU aufzuspüren und um diese vor allem im Vergleich mit den Vereinigten Staaten von Amerika und Deutschland zu bewerten.[254] Diese vergleichenden Studien sind keineswegs nur damit beschäftigt, dem noch unfertigen bundesstaatlichen Charakter der EU ein föderales Leitbild zu geben, sondern durchaus auch um die Problematik der föderalen Entwicklung der EU zu verdeutlichen. Vor allem Fritz Scharpf hat sich in seinen Studien umfassend mit der Frage beschäftigt, inwieweit ein föderales System für die EU anwendbar erscheint.[255] Für ihn geht es in erster Linie darum, neue politische Optionen für die EU zu entwickeln, die jenseits der in Analogie zum bundesstaatlichen Föderalismus bestrittenen bundesstaatlichen Entwicklung der EU angelegt sind.[256] Solche Lösungen müssen nach Scharpf gefunden werden, da die EU ansonsten dauerhaft unter der „Pathologie der Politikverflechtung" leiden

---

250 vgl. Friedrich, Carl Joachim (1968). a.a.O. S. 82.

251 vgl. ebd. S. 82ff.

252 Höreth, Marcus (1999). a.a.O. S. 109.

253 Giering, Claus (1997). a.a.O. S. 77.

254 vgl. Höreth, Marcus (1999). a.a.O. S. 110ff.

255 vgl. Scharpf, Fritz (1991). Kann es in Europa eine stabile föderale Balance geben? In: Wildenmann, Rudolf (Hrsg.) Staatswerdung Europas? Optionen für eine Europäische Union. Baden-Baden. Nomos Verlagsgesellschaft. S. 415-428. S. 415ff.

256 vgl. Scharf, Fritz (1985). Die Politikverflechtungsfalle. Europäische Integration und deutscher Föderalismus im Vergleich. In: PVS 26/1985, Nr.3, S. 334ff.

muss, die sich in Transparenz- und Problemlösungsdefiziten ausdrückt. Scharpf hält aufgrund der mangelnden Demokratiefähigkeit der EU die Wahrscheinlichkeit für eine Föderalisierung der EU bzw. die institutionelle Vertiefung bis hin zur Entstehung eines Bundesstaates für eher gering.[257]

Mit dieser Darstellung des Ansatzes von Fritz Scharpf kann man demonstrieren, dass neben der klassischen föderalistischen Integrationstheorie auch die kritische Verwendung derselben existiert, die nicht zwangsläufig zu dem Schluss führen muss, dass ein Bundesstaat die integrationspolitisch „beste" Option für die EU ist. Solange sich die EU in diesem Zwischenstadium des „quasi-föderalistischen" Systems befindet, kann auch die Frage der Legitimität aus der Sicht der klassischen Föderalisten nicht befriedigend beantwortet werden. Diese Sichtweise erweist sich als äußerst progressiv, da sich der Föderalismus nur in der Errichtung eines europäischen Bundesstaates Fortschritte bei der Legitimationsproblematik der EU erhofft. Die Frage, ob die Errichtung eines europäischen Bundesstaates nicht zu noch größeren Legitimitätsdefiziten führt, wird hierbei ausgeklammert. Aus diesem Grunde scheint der föderalistische integrationstheoretische Ansatz für die weitere wissenschaftliche Analyse ungeeignet, da dieser nur die Schließung der Kluft zwischen derzeitigem Integrationsstand und föderalem Leitbild zur Lösung des europäischen Legitimationsdefizits vorsieht, und sich somit überwiegend mit der „Input-Quelle" europäischer Legitimität beschäftigt. Übersehen wird hierbei ganz eindeutig die Tatsache, dass sich die Europäische Gemeinschaft lange Zeit als „funktionaler Zweckverband" legitimiert hat und auch heute noch die „utilitaristische" Begründung der EU-Politik von entscheidender legitimatorischer Bedeutung ist.

4.2 (Neo-) Funktionalismus

Wie gerade festgestellt, entsprach der Integrationsverlauf der EU nicht den föderalistischen Ansprüchen - der Sprung in eine europäische Staatlichkeit blieb aus und die Integration begrenzte sich von Anfang an auf bestimmte Politikbereiche - wodurch die wissenschaftliche Erklärungskraft des Föderalismus nicht ausreichen konnte.[258]

Der (Neo-)Funktionalismus beschäftigt sich im Gegenzug mit den deskriptivanalytischen Fragen der Dynamik der europäischen Integration und inwieweit dieser in Zukunft sichergestellt werden kann.[259] In dieser Hinsicht argumentieren die (Neo-)Funktionalisten genau umgekehrt, da sie nicht wie die

---

257 vgl. ebd. S. 350.

258 vgl. Höreth, Marucs (1999). a.a.O. S. 112ff.

259 vgl. Haas, Ernst B. (1968). The Uniting of Europe: Political, social and economic Forces. 2. Auflage. Stanford: Stanford University Press. S. 17ff.

Föderalisten die Verfassungsentscheidung als Initialzündung eines erfolgreichen Integrationsprozesses begreifen, sondern den anfänglichen Transfer wirtschaftlicher Kompetenzen von nationaler auf eine supranationale Ebene als Anfang einer Entwicklung sehen, an deren Ende eine Europäische Verfassung steht. Der Leitspruch der (Neo-)Funktionalisten lautet demnach „form follows function". Der (neo-)funktionalistische Ansatz geht davon aus, dass die wirtschaftliche Integration der Mitgliedstaaten der EU eine spätere politische Einheit sozusagen automatisch nach sich zieht. [260] Die Neofunktionalisten betonen vor allem den „vorübergehenden" bzw. transitorischen Charakter der EU, was durch den Ansatz von Philippe Schmitter deutlich betont wird:

„The emerging Europe-Polity has not yet acquired its definitive institutional configuration, either in terms of its territorial scale, its functional scope or its level of political authority."[261]

Über die Frage nach der Finalität bzw. nach dem Endergebnis des Integrationsprozesses gibt der Neofunktionalismus keine Auskunft, da er vor allem an dessen Prozesshaftigkeit interessiert ist. Die Ausblendung des Integrationszieles mag ein Grund dafür sein, dass die vorhandenen institutionellen sowie soziokulturellen Legitimationsdefizite der EU zumeist von neofunktionalistischen Integrationstheoretikern vernachlässigt oder gar nicht erkannt wurden.[262] Nach neofunktionalistischer Ansicht findet die Übertragung von Kompetenzen auf suprastaatliche Ebene ihre Legitimation durch die Problemlösungsfähigkeit der Union. Allein die Leistungen der europäischen Politik verleihen dem Handeln und den Entscheidungen auf EU-Ebene ausreichend starke Legitimität, womit der „utilitaristische" Legitimationsursprung in den Vordergrund gestellt wird.[263]

„As long as the efficiency and effectiveness of European policy-making leads to more noticeable benefits than costs the utilitarian support of large parts of the European population and hence the membership in the Community is less likely to be questioned."[264]

Die Integrationstheorie des Neofunktionalismus hat zwar insgesamt wesentlich zur Erklärung des europäischen Einigungsprozesses beigetragen, die Problematik des Legitimationsbedarfs wurde jedoch weitgehend vernachlässigt, da sie sozusagen nicht im Aufgaben- bzw. Fragenhorizont des Neofunktionalismus lag.

---

260 vgl. Höreth, Marcus (1999). a.a.O. S. 113.

261 Schmitter, Philippe C. (1998). Is it really possible to democratize the Europe-Polity? In: Follesdal, Andreas/Koslowsky, Peter (Hrsg.) Democracy and European Union. Berlin-Heidelberg: Springer Verlag. S. 13-36. S. 13.

262 vgl. Höreth, Marcus (1999). a.a.O. S. 121ff.

263 ebd. S. 121.

264 Höreth, Marcus (1998). The Trilemma of Legitimacy. Multilevel Governance in the EU and the Problem of Democracy. CEI-Discussion Paper C11/1998. Bonn: Zentrum für Europäische Integrationsforschung. S. 6f.

Aus (neo-)funktionalistischer Sichtweise wird davon ausgegangen, dass sich europäische Politik ausreichend durch ihre Problemlösungskompetenz zu legitimieren vermag, wodurch eine Konzentration auf die „Output-Legitimität" erkennbar ist.

4.3 Intergouvernementalismus

Neben dem „progressiv-idealistischen" Paradigma des Föderalismus und des (Neo-)Funktionalismus bildete sich eine „realistisch-konservative", integrationstheoretische Grundauffassung, die unter dem Begriff des Intergouvernementalismus oder Neorealismus zusammengefasst werden kann.[265] Der Intergouvernementalismus beschäftigt sich ähnlich wie der (Neo)-Funktionalismus mit der speziellen Dynamik des europäischen Integrationsprozesses, er vertritt jedoch im Unterschied zu der Sichtweise der (Neo)-Funktionalisten die Meinung, dass die Nationalstaaten die zentralen Akteure internationaler Organisationen sind und somit die EU ein „Gemeinschaftsunternehmen von Nationalstaaten" darstellt.[266] Diese Ansicht führt dazu, dass der europäische Integrationsprozess überwiegend aus der Sichtweise der Nationalstaaten betrachtet werden, wobei vor allem deren Souveränität als unantastbar gelten soll. Für das neorealistische Paradigma sind es also die Mitgliedstaaten, die den Integrationsprozess der EU bestimmen und vorantreiben, wodurch es auch die nationalen Regierungen sind, die den Transfer von Macht auf europäische Ebene bestimmen, allerdings nur unter dem Gesichtspunkt des „nationalen Vorteils".[267] Als mit Inkrafttreten der Einheitlichen Europäischen Akte im Jahre 1986 der Integrationsprozess auf EU-Ebene an Qualität und Dynamik gewann, mussten die Neorealisten ihre Sichtweise überdenken. Die Intergouvernementalisten verwendeten erstmals in den 90er Jahren vor allem neorealistische und neofunktionalistische Elemente der Integrationstheorie, um durch ein neues Modell die spezielle Dynamik des Integrationsprozesses erklären zu können. Dieser neue Ansatz geht sogar soweit, dass er neben der Kommission den nationalstaatlichen Exekutiven und den supranationalen Wirtschaftsinteressen eine entscheidende Bedeutung beim Vorantreiben des Integrationsprozesses zuspricht.[268] Dieser neue (neo-)realistische Ansatz zeichnet sich zwar durch mehr Flexibilität aus, er lässt aber jedoch einige wichtige Fragen, wie beispielsweise jene der Legitimation der EU weiterhin offen. Soweit überhaupt ein legitimatorischer Faktor für die europäische zwischenstaatliche Kooperation vonnöten ist, so wird dieser durch die Durchsetzung nationaler Interessen auf

---

265 vgl. Höreth, Marcus (1999). a.a.O. S. 123.

266 vgl. Kreile, Martin (Hrsg.). (1992). Die Integration Europas. Opladen: Beck-Verlag. S. 9.

267 vgl. Höreth, Marcus (1999). a.a.O. S. 125ff.

268 vgl. ebd. S. 126f.

europäischer Ebene ausreichend gedeckt. Damit bestreitet der Intergouvernementalismus im Grunde genommen die Annahme, dass es überhaupt ein Legitimationsproblem des Regierens jenseits von Staatlichkeit geben kann.[269] Dieser Ansatz besinnt und beschränkt sich überwiegend auf die durch die Mitgliedstaaten vermittelte Legitimation auf europäische Ebene, welche im vorangegangen Kapitel unter dem Gesichtspunkt der „Sozialen Legitimität" untersucht wurde.

4.4 „Multilevel Governance"

Anhänger des Ansatzes des „Multilevel Governance" oder des „Mehrebenensystems" räumen der Europäischen Union die Qualität eines komplexen Verhandlungssystems ein, wobei die vielfältige Partizipationsmöglichkeit der Politikgestaltung in Netzwerken hervorgehoben wird.[270]
Eingeführt wurde der Ansatz des „Multilevel Governance" in die europäische Integrationsdebatte vor allem durch Gary Marks, der die Ansicht vertritt, dass sich die EU im Laufe der Integrationsgeschichte zu einem Mehrebenensystem entwickelt hat.[271] Von entscheidender Bedeutung ist für diesen Ansatz die Frage nach der Verteilung des Einflusses von nationalen, supranationalen und subnationalen Akteuren in verschiedenen politischen Prozessen. Hierbei distanziert man sich wesentlich vom intergouvernementalistischen Ansatz, welcher seine Aufmerksamkeit letztlich auf konkretes „interstate bargaining" setzt, denn der Einfluss der drei genannten Ebenen muss zwischen und innerhalb verschiedener Politikfelder unterschieden werden.[272] Letztlich überschneiden und beeinflussen sich die nationalen und europäischen Entscheidungsprozesse so stark, dass man die EU als ein System der immer engeren Verknüpfung verschiedener Ebene verstehen muss. Mit Hilfe dieses Konzeptes erscheint es möglich, sich dem Ist-Zustand des europäischen Integrationsprozesses zu nähern, ohne dabei die Besonderheiten der EU sowie die Vergleichbarkeit der EU mit politischen Systemen der Nationalstaaten aus den Augen zu verlieren.[273] Der besondere Wert eines solchen Mehrebenen-Konzeptes lässt sich auch dahingehend messen, dass es weder möglich noch sinnvoll erscheint, national-staatliche Demokratiemodelle auf die EU zu übertragen. Anstatt das europäische Regieren von Voraussetzungen abhängig zu machen, die im nationalstaatlichen Kontext entstanden sind, erscheint es sinnvoller, im Rahmen des gegebenen Mehr-

---

269 vgl. ebd. S. 127f.
270 vgl. ebd. S. 164.
271 vgl. Marks, Gary (1993). Structural Policy and Multilevel Governance in the EC. In: Cafruny, Alan W./Rosenthal, Glenda G. (eds.). The State of the European Community. (Vol. 2). Boulder: Rinner. S. 391-411. S. 393f.
272 vgl. Höreth, Marcus (1999). a.a.O. S. 143f.
273 vgl. ebd. S. 165f.

ebenensystems über Modelle politischer Ordnung nachzudenken, die ein legitimes Regieren jenseits von Staatlichkeit ermöglichen. Diese Mehrebenenperspektive eröffnet auch im Hinblick auf die Frage nach der Legitimität der EU eine neue Dimension. Der Ansatz des „Multilevel-Governance" räumt Platz für die europäischen Legitimationsprobleme ein, welche ihren Ursprung in verschiedenen Defiziten „multipler europäischer Legitimationsquellen" finden. Eine solche Analyse des Ist-Zustandes europäischer Legitimitätsmängel erscheint vonnöten, da sie verschiedene Legitimationsstränge europäischer Politik analytisch und normativ zu würdigen bzw. zu kritisieren vermag.

Zwar kann auch der integrationstheoretische „Multilevel-Governance"-Ansatz keine ausreichende Antwort auf die Frage geben, wie europäisches Regieren im Mehrebenensystem legitim und verantwortlich gestaltet werden kann, jedoch berücksichtigt dieser Ansatz die verschiedenen und unterschiedlichen Legitimationsquellen europäischen Regierens. Er erscheint somit weitsichtiger und dem gegenwärtigen Entwicklungsstand der EU wesentlich angemessener als die übrigen integrationstheoretischen Ansätze. Die Durchsicht der Literatur klassischer Integrationstheorien führt zu der Annahme, dass bisher zumeist nur bestimmte Bereiche des institutionellen Gefüges des europäischen Einigungswerkes - und damit auch nur bestimmte Maßnahmen zur Legitimationsbeschaffung - im Mittelpunkt des Interesses standen. So steht die „Inputperspektive" vor allem aus föderaler Sichtweise im Zentrum der Analyse, wobei hierbei die Rolle des Europäischen Parlaments im europäische Entscheidungssystem als Messlatte der Legitimität verwendet wird.

Neofunktionalistische Ansätze hingegen konzentrieren sich in ihren Untersuchungen vor allem auf die „Outputdimension" und somit auf die Rolle der Europäischen Kommission, welche die Problemlösungsqualität der EU am deutlichsten widerspiegeln kann.

Intergouvernementale Ansätze blicken wiederum in erster Linie auf die Legitimation, welche von den Mitgliedstaaten der EU und folglich von den von ihnen dominierten Institutionen ausgeht.[274] Lediglich der „Multilevel-Governance" Ansatz scheint dem gegenwärtigen Stand des europäischen Integrationsprozesses und vor allem seiner Legitimationsproblematik gerecht zu werden, da er die vielfältigen Legitimationsquellen europäischen Regierens berücksichtigt.

Um die Darstellung bzw. den Vergleich der oben angeführten integrationstheoretischen Ansätze detaillierter zu veranschaulichen, wird im Folgenden eine Abbildung (Matrix) angeführt, die konkret auf die Beantwortung der Fragen

---

274 vgl. Höreth, Marcus (1999). a.a.O. S. 169ff.

nach den Legitimationsquellen, -leistungen und dem Legitimationsbedarf aus der Sicht der erwähnten Theorien eingeht.

Abbildung 4: Die Legitimitätsfrage auf europäischer Ebene aus integrationstheoretischer Sichtweise[275]

Integrations-theorie	***Födera-lismus***	***(Neo-)Funktio-nalismus***	***Intergouverne-mentalismus - Neorealismus***	***"Multilevel" Governance***
Legitimations-bedarf	hoch	niedrig	mittel	hoch
Legitimations-quellen	„Input"-föderale Elemente	„Output"-Utilitarismus	Mitglied-staaten - nationale Parlamente	„multiple" Legitimations -quellen
Legitimations-leistungen des politischen Systems	noch niedrig	mittel/hoch	mittel	mittel
Deckung des Legitimations-Bedarfs	noch nicht	zu einem hohen Maße	partiell	partiell

Da es, wie bereits erwähnt, bei der Untersuchung des Legitimitätsdefizits auf EU-Ebene notwendig erscheint, einen Ansatz zu verwenden, welcher den speziellen Anforderungen sowie Eigenheiten des europäischen Systems entspricht, scheint es nun sinnvoll dieses System europäischen Regierens „jenseits von Staatlichkeit" in seiner Substanz und seiner Bedeutung näher zu untersuchen. Im Anschluss daran soll die Demokratiequalität der EU bzw. deren demokratische Defizite näher analysiert werden. In diesem Zusammenhang erscheint es ebenso notwendig einen Blick auf die Rechtsnatur der EU zu werfen, um im Zuge dessen eine Ausarbeitung spezieller Eigenheiten des EU-Systems vornehmen zu können.

275 vgl. ebd. S. 162.

5. Zur Demokratiequalität der EU

Der Begriff der „Demokratie" hat im Laufe der Zeit verschiedenste Ausprägungen angenommen. Auch in der Politikwissenschaft stehen sich bis heute unterschiedliche demokratietheoretische Ansätze gegenüber, auf welche jedoch im gegebenen Rahmen nicht näher eingegangen werde soll. Wichtig erscheint es jedoch, eine Art *Minimalkonsens* über die notwendigen Elemente des demokratischen Gebildes moderner Ausprägung festzustellen - ein Konsens, der darin besteht, dass die Ausübung von konkreter politischer Macht aufgrund von periodisch erfolgenden gleichen, freien, geheimen und zumindest teilweise direkten Wahlen und vor allem auch kontrolliert erfolgt.[276] In den modernen Demokratien stellt das Parlament das zentrale Repräsentativorgan dar. Hier kann von einer gewissen demokratischen Mindestanforderung an dasselbe festgestellt werden, und zwar, *„dass alle legislativen Entscheidungen grundsätzlich durch die Schleuse des Parlaments zu gehen haben ... das heißt, dass niemand um das Parlament herumkommt, der seine Interessen in Gestalt allgemein verbindlicher Vorschriften zum Durchbruch bringen will."*[277]

Von diesen Mindestanforderungen an demokratisches Regieren lässt sich wiederum das Phänomen des „Demokratiedefizits" ableiten, dass als ein Mangel an demokratisch legitimierter Kontrolle über die Rechtsetzung beschrieben werden kann - ein Mangel - der insbesondere darin bestehen kann, dass weder die Bürger direkt noch das Repräsentativorgan selbst die Legislativfunktion ausüben.[278]

Um ein umfassendes Bild der demokratiepolitischen Situation eines politischen Systems zu erhalten, scheint es jedoch angebracht, über ein Konzept hinauszugehen, welches Defizite anhand eines standardisierten Modells „richtiger" Demokratie bemisst. Das Konzept der Demokratiequalität erlaubt es, über die Angabe von „Defiziten" hinaus, eine Einschätzung verschiedenster Elemente eines politischen Systems vorzunehmen. Diese Vorgangsweise impliziert jedoch ihrerseits, dass die EU unter demokratietheoretischen Gesichtspunkten analysierbar ist und zudem, dass die EU eine Demokratie ist. In diesem Zusammenhang erscheint es sinnvoll den besonderen Charakter der EU zu untersuchen, um *„die Singularität der EU und die Unbestimmtheit ihres Status als politisches Gebilde"*[279] zu durchleuchten. Neben einer Analyse der politischen

---

276 vgl. Pelinka, Anton (1974). Dynamische Demokratie - Zur konkreten Utopie gesellschaftlicher Gleichheit. Stuttgart: Kohlhammer Verlag. S. 32.

277 ebd. S. 45.

278 Falkner, Gerda/Nentwich, Michael (1992). Das Demokratiedefizit der EG und die Beschlüsse von Maastricht 1992. In: ÖZP, 21/1992, Nr.3, S. 275.

279 Melchior, Josef (1997). Zur Demokratiequalität der Europäischen Union. Defizite und Demokratisierungsbedingungen. Wien: Institut für Höhere Studien. S. 22.

Besonderheiten des EU-Regierungssystems ist es zweckmäßig eine Untersuchung der rechtlichen Natur der EU vorzunehmen, da sich sowohl die politische als auch die rechtliche Ebene bedingen und voneinander abhängig sind.

5.1 Regieren jenseits von Staatlichkeit

„The European Union has developed in recent decades a new type of political system with enormous consequences on democracy and governance in it's member states."[280]

Der Prozess des Regierens unterscheidet sich zum Teil gravierend von den Idealen demokratischer Rechtstaatlichkeit und zwar schon alleine aus dem Grunde, dass der Europäischen Union die strukturellen und soziokulturellen Voraussetzungen fehlen, um dieses Ideal demokratischer Staatlichkeit in absehbarer Zukunft zu erreichen. Deshalb erscheint es realitätsnäher und vor allem gewinnbringender, der EU ihren „unvollendeten" Charakter nicht negativ anzukreiden, sondern sie als ein politisches Gebilde „sui generis" zu begreifen, in dem regiert wird.

Das grundlegende Dilemma der EU besteht darin, dass sie gleichzeitig mit den Problemen der Staatsbildung, der Gemeinschaftsbildung und der Marktbildung konfrontiert ist. Die EU ist zwar bemüht, in all diesen drei Dimensionen Fortschritte zu erzielen, wobei jedoch umstritten ist, inwieweit dieser „Problemmix" sich auf den Demokratisierungsprozess der Europäischen Union auswirkt.

„Democracy is a form of governance of a State."[281]

Diese These birgt einige historische Evidenz in sich und behauptet, dass Demokratie nahezu unauflöslich mit dem Phänomen bzw. der Existenz des Staates verbunden ist. Auf die EU bezogen, bedeutet das, dass solange diese kein Staat ist, auch ihre Hoffnungen auf Demokratisierung sehr gering bzw. ohne Aussicht sind. Gegen diese Behauptung sollte man jedoch Bedenken anmelden. Die unauflösliche Verbindung zwischen Staat und Demokratie erscheint sehr fraglich, obsolet und nur mehr bedingt rechtfertigbar.

In diesem Zusammenhang soll der staatliche bzw. nicht-staatliche Charakter der Europäischen Union untersucht werden. Mithin stellt sich für die weitere Diskussion die Frage nach den Rechtfertigungschancen, den Bedingungen und den Grenzen des Regierens jenseits der Staatlichkeit.[282]

---

280 Jachtenfuchs, Markus (1997). Democracy and Governance in the European Union. European Integration online Papers (EIOP). S. 1-20. S. 5ff.

281 Linz, Juan/Alfred, Stepan (1996). Problems of democratic transition and consolidation. Southern Europe, South America and Post-Communist Europe. London: Johns Hopkins University Press. S. 7.

282 Höreth, Marcus (1999). a.a.O. S. 65.

5.1.1 Der nicht-staatliche Charakter der EU

Es herrscht weitgehende Einigkeit darüber, dass die Europäische Union in ihrer derzeitigen Form kein Staat ist, wohl aber Züge von Staatlichkeit aufweist. Die Entwicklung der Europäischen Gemeinschaft vom Gemeinsamen Markt zum Binnenmarkt bis zur Vereinheitlichung eines Teils des Sozial- und Kulturwesens wird oftmals als Vorstadium zur Gründung eines europäischen Staates gedeutet, wodurch die Mitgliedstaaten ihre staatliche Autonomie verlieren würden. Anlass und Legitimationsgrund für eine Staatsbildung - die Zusammengehörigkeit eines Staatsvolkes, die Bestimmung dieses Volkes über seine politische Verfasstheit sowie die Kraft zu Solidarität und Ausgleich - liegen jedoch weiterhin bei den Mitgliedstaaten und nicht bei der Europäischen Union.
Die Ausgestaltung des institutionellen Systems der EU wurde von Anfang an als ein Projekt zur Schaffung einer supranationalen Organisation begriffen und auch die Gründungsverträge waren bzw. sind darauf angelegt als Kern einer solchen Organstruktur, den Integrationsprozess voranzutreiben. Doch dieses Ziel geriet zusehends aus dem Blickfeld, und die Schaffung eines großen freien Marktes wurde bald zum Selbstzweck.[283] Erst seit Anfang der 80er Jahre wurde versucht, den unübersichtlich und unkontrollierbar gewordenen politisch-bürokratischen Apparat in eine effiziente, transparente und legitimitätsstiftende Form zu bringen. Dieser Wandel der institutionellen Grundstruktur der EU erfolgt in kleinen, pragmatischen Schritten, wodurch eine diesbezügliche Qualifizierung erschwert wird. Doch auch in der Theorie der internationalen Beziehungen wurden Modelle von „Staatlichkeit" entwickelt, die allerdings weniger voraussetzungsvoll sind als jene, die sich den Nationalstaat zum Untersuchungsgegenstand nehmen. Diese neueren Ansätze argumentieren, dass der Staat nicht notwendigerweise als zentraler und souveräner Akteur innerhalb eines Territoriums anzusehen ist, sondern als eine auf Dauer angelegte Struktur der Steuerung und Regulierung der Gesellschaft.[284]
Für die Demokratisierungsfrage ist der Staatscharakter der EU insofern interessant, als dass das Konzept der „Volksherrschaft" auf mindestens zwei Voraussetzungen aufbaut: erstens auf den Personen und Organisationen, welche den „Herrschaftsanspruch" repräsentieren und zweitens auf den Institutionen, die den „Herrschaftsanspruch" durchsetzen.[285] Aus einer funktionalistischen Sichtweise erfüllt die Europäische Union die oben genannten Bedingungen im Prinzip durchaus:

---

283 vgl. Melchior, Josef (1997). S. 20ff.

284 vgl. Caporaso, James A. (1996). The European Union and Forms of State: Westphalian Regulatory or Post-Modern? In: Journal of Common Market Studies, 34/1996, Nr. 1, S. 29-52. S. 33.

285 vgl. Melchior, Josef (1997). a.a.O. S. 23.

- Die EU erfüllt Regierungsaufgaben, sowohl horizontal (zwischen EU-Organen) als auch vertikal (zwischen Organen der EU und der Mitgliedstaaten), obwohl sie über keine zentrale Regierung verfügt.
- Die EU erhebt zwar keine Steuern, besitzt aber durchaus „Eigenmittel", wodurch öffentliche Güter und Dienstleistungen angeboten werden können.
- Die EU besitzt keine unabhängige Zwangsgewalt. Sie bedient sich jedoch bei der Durchsetzung ihrer Entscheidungen jener der Mitgliedstaaten. [286]

Hierbei muss jedoch hinzugefügt werden, dass die genannten Funktionen nicht ausschließlich durch die Organe der EU, sondern mit Hilfe jener der Mitgliedstaaten ausgeübt werden. Der in der doppelten Legitimitätsbasis angelegte Grundkonflikt der Europäischen Union lässt sich gegenwärtig wohl kaum durch eine Verselbständigung dieser zu einem Europäischen Staat überwinden. Eine Organisation Europas zwischen Staatenbund und Entstaatlichung der Mitgliedstaaten muss deshalb gefunden werden.

Die Union - die ja kein Staat, sondern eine Union von Staaten ist - wird zur demokratisch legitimierten Beschlussfassung immer beides brauchen: den Ministerrat, in dem die Regierungen ihre Staaten vertreten, und das Europäische Parlament, in dem die direkt gewählten Abgeordneten ihre Völker vertreten.

5.1.2 Die Rechtsnatur der EU

„Die Europäische Union ist der vorläufige normative Endpunkt eines seit der Gründung der Europäischen Gemeinschaft für Kohle und Stahl immer komplizierter gewachsenen Geflechts von Verträgen, Abkommen, Protokollen und Beschlüssen geworden."[287]

Die Materie verliert außerdem durch die vielen zusätzlichen sekundären Rechtsakte an Übersichtlichkeit, wodurch sich wohl auch die schwierige Situation ergibt, den Rechtscharakter der Union begrifflich zu erfassen. In der Offenbarung der angestrebten Rechtskonstruktion der Union halten sich auch die Verträge sehr bedeckt. In verschiedenen Vertragspräambeln werden zwar immer wieder Hinweise auf eine Art „Finalität" der EU gerichtet, so verspricht man beispielsweise im Vertragswerk von Maastricht *„den Prozess der Schaffung einer immer engeren Union der Völker Europas weiterzuführen"*[288], doch

---

[286] vgl. ebd. S. 23ff.

[287] Dickstein, Michael (1998). a.a.O. S. 81.

[288] EU-V (1993) Abs. 11 der Präambel. vgl. auch englischen Vertragstext, der von einer „ever closer union" spricht.

konkrete Aussagen über das „rechtliche Endprodukt" der Union werden vermieden. In der Wissenschaft geriet man jedoch schon recht bald unter Zugzwang, sich der Frage nach der rechtlichen Natur der Union zu stellen. Der Europäische Gerichtshof wagte erstmals in den 60er Jahre eine nähere Qualifikation der Europäischen Wirtschaftsgemeinschaft als neue Rechtsordnung des Völkerrechts, die von gewöhnlichen internationalen Verträgen ausdrücklich zu unterscheiden ist.[289] Als Grund dafür werden vor allem die Hoheitsrechte der Gemeinschaft und der dadurch entstandene Rechtskörper angeführt, die in der Lage sind, die Souveränitätsrechte der Mitgliedstaaten zu beschränken.
Die völkerrechtliche Form der Gemeinschaftsverträge wurde vom Europäischen Gerichtshof bei all seinen Überlegungen nie außer acht gelassen. Vielmehr war der EuGH darauf bedacht die Eigenart der Europäischen Rechtsordnung in Vergleich zu herkömmlichen internationalen Verträgen hervorzuheben, was vor allem durch die Lenkung der Aufmerksamkeit auf die „Eigentümlichkeit" der Rechtsordnung der Gemeinschaft und deren Wirkung geschah.
In der Literatur über die Rechtsnatur der EU haben sich mittlerweile drei verschiedene Ansätze gebildet - eine völkerrechtliche, eine supranationale und eine bundesstaatliche Sichtweise. Im Hinblick darauf wird im folgenden versucht die drei wesentlichen Standpunkte in ihren Besonderheiten darzustellen.[290]

5.1.2.1 Die Traditionalisten

> *„Das Gemeinschaftsrechtssystem ist, ungeachtet seiner einzigartigen Struktur und bedeutendem Recht, nichtsdestotrotz ein Sub-System des internationalen Rechts, mit einem begrenzten Anwendungsfeld."*[291]

Der normative Ausgangspunkt der Europäischen Gemeinschaften liegt in den Basisverträgen zu ihrer Gründung. Die Erzeugungsweise der Gründungsverträge wird in den Vordergrund der Argumentation gestellt. Sie wurden bzw. werden in Form internationaler Verträge nach den Regeln des Völkerrechts abgeschlossen. Demnach liegt der Geltungsgrund des Gemeinschaftsrechts mittelbar in den Vorschriften der jeweiligen nationalen Verfassung über Völkerrechtliche Transformation. Die Traditionalisten stellen die völkerrechtliche

---

289 vgl. EuGH vom 5. Februar 1963. Entnommen bei Dickstein, Michael (1999). a.a.O. S. 83.

290 vgl. ebd. S. 85ff.

291 Fischer, Peter (1994). Is the European community an International Organization?. In: Ginther, Konrad (Hrsg.). Völkerrecht zwischen normativem Anspruch und politischer Realität. Berlin: Duncker&Humblot. S. 179-202. S. 202.

Grundlage, auf der der Staatenbund beruht, in den Mittelpunkt, wobei die Gemeinschaftsgewalt von den Mitgliedstaaten abgeleitet und anerkannt wird.[292]

5.1.2.2 Die Autonomisten (Funktionalistische Integrationstheorie)

Der Geltungsgrund der autonomen Gemeinschaftsordnung liegt nicht in den Vertragsschlüssen, sondern in einer *„eigenen, originären und selbständigen Gemeinschaftsgewalt."*[293]
Nach und nach entwickelte das Gemeinschaftssystem eine autonome Rechtsordnung. Dabei wirkte das EG-Recht als Instrument im Transformationsprozess, der die national verfasste Wirklichkeit in den Mitgliedstaaten veränderte und somit einen neuen Hoheitsträger entstehen ließ.[294] Die Ansicht der „Autonomisten" hebt vor allem die Dauerhaftigkeit der EWG-Verträge und deren unbegrenzte Geltungsdauer hervor. Durch diese Elemente unterscheidet sich die Union wesentlich von traditionellen internationalen Organisationen.[295] Außerdem heben sich die Europäische Gemeinschaften auch durch ihre Aufgaben- und Zielbestimmungen von anderen internationalen Organisationen ab, wobei vor allem die quantitative und qualitative „Ent-Nationalisierung" öffentlicher Aufgaben zu bemerken ist.

Die funktionalistische Integrationstheorie befürwortet somit die Eigenständigkeit der Europäischen Union. Sie verweigert jedoch eine eindeutige Reduktion auf die Form des „Bundesstaates" für die Europäische Gemeinschaften. Vielmehr wird die EU in den Augen der „Autonomisten" als Staatengemeinschaft gesehen, die in der Lage ist, alle Anforderungen zu erfüllen, um als politisches System qualifiziert zu werden.[296]

5.1.2.3 Das Europastaats-Konzept

Dieser Ansatz geht davon aus, dass das Europäische Gemeinwesen nicht mehr nur als Zweckverband bzw. als zwischenstaatliche Einrichtung anzusehen ist, sondern bereits staatsähnlichen Charakter angenommen hat. Diese besitzt nach Art eines Bundesstaates Vollorgane sowie eine Unionsbürgerschaft, alle wesentlichen Elemente die für einen Überstaat notwendig sind. Solche Ansichten

---

292 vgl. Kirchhof, Paul (1994). Das Maastricht-Urteil des Bundesverfassungsgerichts. In: Hommelhof, Peter/Kirchhof,Paul (Hrsg). Der Staatenverbund der Europäischen Union. Berlin: Duncker&Humblot. S. 11-24. S. 13.

293 Nicolaysen, Gert (1987). Ansichten zur Gemeinschaftsverfassung. In: Europarecht 27/ 1987, Nr. 4, S. 299-310. S. 303.

294 vgl. Dickstein, Michael (1998). a.a.O. S. 90.

295 vgl. Fischer, Peter (1994). a.a.O. S. 85.

296 vgl. Neisser, Heinrich (1993). a.a.O. S. 13f.

gehören zur Minderheit innerhalb der Diskussion um die Rechtsnatur der Europäische Rechtsnatur, vor allem wohl aus dem Grund, dass es zum derzeitigen Zeitpunkt keine konsensfähige Zielvorstellung darstellen würde, die „Vereinigten Staaten von Europa“ anzustreben. Dennoch dient dieser Ansatz zur Vervollständigung der Bandbreite bei der Erfassung der europäischen Rechtsnatur. Und auch für den Fortgang meiner Arbeit hat diese Ansicht eine besondere Bedeutung. Schließlich hält ein großer Teil der Staatsrechtslehre an der Vorstellung fest, dass Verfassung und Staat sich gegenseitig bedingende Elemente darstellen, so dass die Anerkennung einer Verfassung nur unter der Voraussetzung des Vorhandenseins eines Staates erfolgen kann.

Abschließend kann man festhalten, dass die derzeitig dominierende Lehrmeinung weitgehend zwischen traditioneller und autonomistischer Ansicht liegt, wobei weitgehend verwehrt wird, der Europäischen Union Staatlichkeit zuzusprechen.[297] So verfügt die EU nicht über ein eigenes Staatsgebiet und besitzt keine umfassende Staatshoheit, denn sie verfügt nur über Einzelzuständigkeiten im Rahmen der Verträge. Außerdem kann bisher auch noch kein europäisches Volk gesichtet werden, wodurch die drei klassischen Staatselemente des Staatsgebietes, der Staatsgewalt sowie des Staatsvolkes nicht vorhanden sind bzw. sich in ihrer Ausprägung noch im Anfangsstadium befinden. Die gemeinschaftliche Hoheitsgewalt zeichnet sich vor allem durch drei Merkmale aus: Supranationalität, Vorrang gegenüber dem nationalem Recht in speziellen Bereichen und Durchgriffswirkung. Das Konzept einer souveränen europäischen Staatsgewalt wirkt zwar ungewohnt, doch kann man der Europäischen Union durch den Anstieg der Kompetenzen innerhalb ihrer Entscheidungshoheit eine gewisse „Staatsqualität“ nicht absprechen. Das Gemeinschaftsgebilde präsentiert sich als ein staatliches Gebilde „im Werden“.

5.2 Besonderheiten der Europäischen Union

5.2.1 Supranationalität

Supranationalität beschreibt die Fähigkeit einer Gemeinschaft, verbindliche Beschlüsse zu treffen, die ursprünglich in den staatlichen Hoheitsbereich fallen. Dabei entsteht eine neue öffentliche Gewalt, die gegenüber der Staatsgewalt eigenständig auftritt.[298]
Demnach kann die Europäische Union zutreffend als supranational qualifiziert werden. Die Gemeinschaftsverträge selbst, genauer gesagt, der Gründungs-

---

297 vgl. Dickstein, Michael (1998). a.a.O. S. 104.

298 vgl. Kamann, Hans-Georg (1997). Die Mitwirkung der Parlamente der Mitgliedstaaten an der europäischen Gesetzgebung. Frankfurt-Wien: Peter Lang-Verlag. S. 208.

vertrag der EGKS, haben den Begriff der Supranationalität aufgebracht: Art. 9 des EKGS-Vertrages hat den Mitgliedern der Hohen Behörde Handlungen untersagt, die mit dem „überstaatlichen" Charakter ihrer Tätigkeit unvereinbar sind und gleichzeitig die Mitgliedstaaten zur Achtung dieses „überstaatlichen" Charakters verpflichtet.[299] Im Französischen bekam das Wort überstaatlich den Ausdruck „supranational" und ging folglich unter dieser Bezeichnung in den Vertragstext ein.
Die Europäische Union besitzt zwei unabhängige Hoheitsorgane, welche Akte gegenüber den Mitgliedstaaten erlassen können: die Kommission und der EuGH im Rahmen seiner Rechtsprechung. Daraus ergibt sich auch der Stufenbau des Gemeinschaftsrechts. An dessen Spitze steht das Primärrecht, das die Gründungsverträge, die weiteren Beitrittsverträge sowie alle anderen Änderungen des Gemeinschaftsrechts umfasst.[300]

5.2.2 Die EU als politisches System „sui generis"

„The frequent qualification of the European Union as an institution „sui generis" reflects the difficulties in science as well as in the political debate to find an appropriate analytical or normative approach for the European Union."[301]

Wenn auch die EU, so wie bereits erwähnt, kein Staat ist, so stellt sich jedoch heraus, dass sich aus ihr eine neuartige institutionelle Ordnung herausgebildet hat. Die Europäische Union ist in einer ansteigenden Anzahl von Aufgabenfeldern in der Lage, das gesellschaftliche Leben der Völker ihrer Mitgliedstaaten mittels Rechtsetzung verbindlich zu organisieren bzw. zu beeinflussen. Auch ohne, dass die EU über ein Gewaltmonopol verfügt, übt sie öffentliche Herrschaft aus. Aus dem europäischen „Marktbürger" ist längst ein europäischer „Unionsbürger" geworden. Auch der EuGH hat in ständiger Rechtsprechung betont, dass die Europäische Union sich zu einer selbständigen, supranationalen Rechtsordnung formiert hat. Daraus ergibt sich ein durch Über- und Unterordnung gekennzeichneter Status, welcher im juristischen Sinne das Subjektionsverhältnis Gemeinschaft - Unionsbürger begründet. Das wiederum bedeutet, dass in vielen zentralen Politikbereichen eine *„kaum substituierbare Zuständigkeit und Verantwortung der Europäischen Union festzustellen ist..."*.[302]

Da die EU die europäischen Bürger als ihre Rechtssubjekte anspricht, stellt sie aus diesem Grunde qualitativ etwas völlig anderes dar als herkömmliche inter-

---

299 vgl. Art. 9 EGKS, Abs. 5 und 6.
300 vgl. Dickstein, Michael (1998). a.a.O. S. 70ff.
301 vgl. Jachtenfuchs, Markus (1997). a.a.O. S. 12f.
302 vgl. Kluth, Winfried (1995). a.a.O. S. 48.

nationale Organisationen, die ihre Mitgliedstaaten als Rechtssubjekte ansprechen. Andererseits unterscheidet sie sich, wie bereits erwähnt, auch ganz offensichtlich von den Nationalstaaten, die über ein Monopol legitimer Zwangsgewalt verfügen, welches der Europäischen Union bei ihrer Entscheidungsumsetzung nicht zur Verfügung steht. Um europäische Entscheidungen rechtlich durchzusetzen, ist die EU ständig auf die Bereitschaft ihrer Mitgliedstaaten angewiesen. Sind diese dazu nicht bereit, steht der EU kein direktes unmittelbares Zwangsmittel zur Verfügung, um europäisches zu nationalem Recht zu machen. Trotzdem ist zu erwähnen, dass die Europäische Union durchaus über beachtliche Möglichkeiten verfügt, durch sogenannte „sanfte" Druckmittel ihre Entscheidungen auf mitgliedstaatlicher Ebene zu verankern. Diese reichen von Sanktionsmöglichkeiten, die durch den neu eingefügten Art. 7 des Vertrags von Amsterdams („Verletzungen fundamentaler Grundsätze durch einen Mitgliedsstaat")[303] ausgebaut wurden, bis letztlich zum Ausschluss widerstrebender Mitgliedstaaten aus der Europäischen Union.
Auf diese Weise ist die Europäische Union letztendlich auch ohne direkte Zwangsgewalt in der Lage, ihre Politik durchzusetzen und somit Herrschaft auszuüben. Man kann also im Zusammenhang mit der Europäischen Union durchaus von einem nicht-staatlichen politischen System sprechen, in dem regiert wird. Der Begriff des „Regierens" ist konzeptuell somit nicht länger an den Nationalstaat gebunden.[304] Geht man allerdings davon aus, dass die Europäische Union ein Staat im Werden ist, und somit auch dieselben demokratischen Standards eines Nationalstaates erfüllen muss, so erweist sich das für die Union als äußerst nachteilig. Da das institutionelle Gefüge der EU den gegebenen „klassischen" Anforderung der Demokratietheorie an die Legitimität eines Staates nicht zur Genüge entspricht, so erscheinen die politischen Entscheidungen im „Nicht-Staat" der EU legitimationstheoretisch als äußerst fragwürdig.[305] Dies wird auch durch einen Blick auf die demokratischen Defizite der EU deutlich.

6. Das „Demokratiedefizit" der EU

„The Euro-Polity in its present, provisional configuration is not a democracy and will not become one unless and until its member states decide explicitly to endow it with new rules and rights."[306]

---

303 vgl. Weidenfeld, Werner/Giering, Claus (1998). Die Europäische Union nach Amsterdam - Bilanz und Perspektiven. In: Weidenfeld, Werner (Hrsg.). Amsterdam in der Analyse: Strategien für Europa. Gütersloh: Bertelsmann Stiftung. S. 19-87. S. 34.

304 vgl. Jachtenfuchs, Markus/Diez, Thomas/Jung, Sabine (1996). a.a.O. S. 45ff.

305 vgl. Höreth, Marcus (1999). a.a.O. S. 70.

306 Schmitter, Carl (1998). a.a.O. S. 47.

Die Rede vom „Demokratiedefizit" wird häufig zur Charakterisierung der EU verwendet. Des öfteren wird dieser Befund von jenen Forschungsexperten erstellt, die von dem Anspruch ausgehen, die EU müsse denselben demokratischen Standards gerecht werden wie ihre Mitgliedstaaten. Ihre Lösung des „Demokratiedefizits" ist somit denkbar einfach: Je mehr das institutionelle Gefüge der EU jenes ihrer Mitgliedstaaten entspricht, desto eher wird es gelingen, die Legitimationsprobleme europäischer Politik zu lösen.
Betrachtet man diese formale demokratietheoretische Sichtweise, so kommt dem Europäischen Parlament in der Frage der Legitimationsbeschaffung eine besondere Rolle zu. Doch *„mit der Aufwertung des Europa-Parlaments ist es nicht getan..."*[307], denn gerade dieses „Blaupausendenken" wirft die Frage nach der generellen Demokratiefähigkeit der Union auf. Dabei rücken jene strukturellen und sozio-kulturellen Bestimmungsgrößen der Demokratie in den Mittelpunkt, die sich vor allem aufgrund der historischen Entwicklung vornehmlich im Nationalstaat entwickelt haben. Die Diskussion um die „prerequisites" von Demokratie in internationalen Organisationen und Staatenverbindungen ist wissenschaftsgeschichtlich noch sehr jung, wodurch sich die Untersuchung der Europäischen Union hinsichtlich demokratischer Elemente überwiegend auf die von Nationalstaaten vorgegebenen Maßstäbe bezieht.[308] Es erscheint wichtig, eine Einschätzung verschiedenster Elemente des politischen Systems bzw. Prozesses vorzunehmen, ohne dabei jedoch eine bestimmte institutionelle Struktur als die einzig „richtige" vorauszusetzen.
Im folgenden soll nun anhand des Konzepts der Demokratiequalität von David Beetham eine Untersuchung der demokratischen Defizite auf EU-Ebene vorgenommen werden. Dieses umfasst 30 Indikatoren, an denen demokratische Qualität gemessen werden kann. Dabei geht Beetham von der Vorstellung aus, dass Demokratie auf dem Prinzip der Kontrolle von Entscheidungsprozessen durch das Volk und der politischen Gleichheit der Bürger beruht.[309] Da es nicht möglich erscheint im Rahmen dieser Arbeit sämtliche Kriterien demokratischer Systeme auf die EU anzuwenden, werde ich mich auf jene beschränken bzw. konzentrieren, die in der Literatur vornehmlich als die „Schwachpunkte" der EU deklariert werden. Die politische Willensbildung auf EU-Ebene weist unter demokratietheoretischen Gesichtspunkten grobe Mängel auf. Diese äußern sich vor allem in dem Fehlen eines europäischen „Volkes" sowie einer europäischen Öffentlichkeit, dem Mangel an Homogenität sowie den stark fragmentierten intermediären Vermittlungsstrukturen. Außerdem soll in diesem Zusammenhang

---

307 Grimm, Dieter (1994). a.a.O. S. 15.

308 Höreth, Macurs (1999). a.a.O. S. 51ff.

309 vgl. Beetham, David (1996). The Democratic Audit: Grundprinzipien und Schlüsselindikatoren politischer Demokratie. In: Campbell, David/Liebhart, Karen/Martinsen, Renate/Schaller, Christian/Schedler, Andreas (Hrsg.): Die Qualität der österreichischen Demokratie. Versuche einer Annäherung. Wien: Manz-Verlag. S. 19-44.

das „institutionelle Demokratiedefizit" näher beleuchtet werden, welches sich auf europäischer Ebene vor allem durch eine untergeordnete Rolle repräsentativer Organe, durch das Fehlen einer verantwortlichen Regierung und durch mangelnde Gewaltenteilung äußert.

6.1 Die fehlende kollektive Identität der EU

Demokratie bedeutet nach klassischem Verständnis die Ausübung von Macht für und durch das Volk. Demokratie gründet sich also auf ein kollektives Subjekt - die Volkssouveränität - welche durch ein demokratiebedeutsames Bewusstsein der Zusammengehörigkeit geprägt ist. Streng genommen müsste daher ein „Volk" bzw. ein „Demos" existieren, welches sich in einer kollektiv belastbaren Identität verbunden fühlt. Joseph Weiler hat diese Bedingung sehr treffend formuliert, indem er betont:

„Democracy does not exist in a vacuum. It is premised on the existence of a polity with members - the Demos - by whom and for whom democratic discourse with its many variants takes place. The authority and legitimacy of a majority to compel a minority exists only within political boundaries defined by a Demos. Simply put, if there is no Demos, there can be no operating democracy."[310]

Die Bejahung bzw. die Zustimmung des Volkes der zugrunde liegenden politischen Ordnung wird hierbei als Voraussetzung für die Legitimität der Herrschaftsordnung angesehen. In Teilen der Staatsrechtslehre sowie der Politikwissenschaft wird das Fehlen eines „Demos" als Hauptproblem für eine weitere Demokratisierung der Europäischen Union angesehen.

Eine Demokratie auf europäischer Ebene kann auch deswegen kaum verwirklicht werden, da eine solche Herrschaftsform nicht allein von rechtlich-formalen Strukturen am Leben erhalten wird, sondern ein entsprechendes „Wirgefühl" voraussetzt, welches erst die Anwendung der Mehrheitsregel legitim erscheinen lässt.[311] Legitimationsstiftend wirken Demokratieregeln aus dieser Sicht also nur, wenn sich bereits ein „Volk" konstituiert hat, indem ein identitätsstiftendes Moment vorausgegangen ist. In weniger als einem halben Jahrhundert wird die EU auf über 30 Mitgliedstaaten und rund eine halbe Milliarde Einwohner angewachsen sein. Sie wird die unterschiedlichen Völker, Sprachen, Kulturen, Mentalitäten und Rechtssysteme in sich vereinen.

Trotz der Unterstützung des europäischen Einigungsprozesses durch die Völker Europas hat sich bislang noch keine europäische politische Identität entwickelt. Somit fehlt auch der „strukturelle Unterbau", denn das vom Staatsvolk

---

[310] Weiler, Joseph H.H. (1996). European Neo-Constitutionalism. In Search of Foundations for the European constitutional Order. In: Political Studies 3/1996, Nr. 44. S. 517-533.

[311] vgl. Höreth, Marcus (1999). a.a.O. S. 54.

legitimierte Parlament kann sich auf europäischer Ebene aus Mangel eines europäischen Volkes nicht in eine Volksvertretung umwandeln. Das europäische Demokratiedefizit ist somit vor allem sozio-kulturell bedingt und lässt sich durch reine institutionelle Reformen nicht ausreichend beheben.

6.2 Mangel an Homogenität

Eng verwandt mit der oben angeführten These „no demos - no democracy" ist auch die weitverbreitete Auffassung, dass das Ausmaß an wirtschaftlicher, kultureller und sozialer Heterogenität legitime demokratische Mehrheitsentscheidungen auf europäischer Ebene unmöglich macht.[312]
Der Unterschied zur „No-Demos-Theorie" besteht jedoch darin, dass für die Entwicklung einer kollektiv belastbaren Identität nicht unbedingt ein homogenes Staatsvolk vonnöten ist. Bedingung und Maß für Homogenität ist jedoch die Abwesenheit von tiefgehenden linguistischen, ethnischen, religiösen, ideologischen oder ökonomischen Spannungen. Folgerichtig ist zu erkennen, dass aus dieser Sicht die erforderlichen Homogenitätserfordernisse von Seiten der Europäischen Union nicht erfüllt werden können. Die ethnische, ökonomische, kulturelle und sprachliche Heterogenität findet in Europa eine viel stärkere Ausprägung als in jeder funktionierenden multinationalen Demokratie.[313] Aus diesem Grunde würden demokratische Reformen des europäischen Institutionensystems nicht unbedingt und automatisch ein Mehr an Legitimität mit sich bringen. Formal könnte zwar beispielsweise eine Aufwertung des Europäischen Parlaments die Legitimationsbasis erhöhen, die tatsächliche Belastbarkeit der europäischen Demokratie wäre durch den Mangel an Homogenität dadurch nicht gesichert.

Demokratie von Homogenität abhängig zu machen erscheint durchaus realistisch, schließlich setzt das mit dem Demokratieprinzip verbundene Mehrheitssystem voraus, dass in einer Gesellschaft die ständige Bereitschaft besteht, sich in Einzelfragen überstimmen zu lassen sowie die Entscheidungen als verbindlich zu akzeptieren, ohne dabei die Gesamtordnung in Frage zu stellen. Es muss zudem gewährleistet werden, dass die Mehrheit grundsätzlich dazu bereit ist, die Rechte und Interessen der Minderheit zu achten. Diese ist jedoch nicht allein aus rationalen Gründen dazu bereit, sondern weil sie sich trotz des allgemeinen Dissens mit der Minderheit durch das bereits erwähnte „Wirgefühl" verbunden fühlt. Voraussetzung jeder demokratischen Herrschaft ist daher ein gewisses

---

312 Kielmansenegg-Graf, Peter (1996). Integration und Demokratie. In: Kohler-Koch/ Jachtenfuchs (Hrsg.). Europäische Integration. Opladen: Leske&Budrich. S. 47-73. S. 56ff.

313 vgl. Höreth, Marcus (1999). a.a.O. S. 55ff.

Maß an sozialer Homogenität, das im Gegensatz zur „Identität" lediglich ein gewisses Gefühl an Gleichartigkeit und Vereinbarkeit von Überzeugungen voraussetzt.[314] Ein relatives Maß an sozialer Homogenität und das daraus resultierende „Wir-Bewusstsein" kann die Funktionsfähigkeit von Mehrheitsentscheidungen und somit die demokratisch definierte politische Einheit sichern. Diese demokratie-theoretischen Überlegungen haben auf die europäische Ebene übertragen, eine sehr ernüchternde Bilanz. Die Homogenitätsproblematik ist auf EU-Ebene nicht von der Hand zu weisen. Mit der Ausweitung der Union auf neue Mitgliedstaaten wird das europäische Homogenitätsniveau weiter sinken, was die Herausbildung einer belastbaren europäischen „Identität" weiter erschweren werden wird.

6.3 Die Größenordnung des europäischen Systems

Mit der europäischen Integration nahm bzw. nimmt die Anzahl der europäischen Bürger - die zur politischen Mitbestimmung aufgerufen sind - im Vergleich zum einzelnen Mitgliedstaat, um ein Vielfaches zu. Durch die „ungünstige" Zahlenproportion zwischen der Bevölkerung und den europäischen Abgeordneten ist eine persönliche Repräsentanz der Bürger im europäischen System nur schwer nachvollziehbar. Gleichzeitig mit dem Abnehmen des relativen Gewichts der Stimme des europäischen Bürgers steigen wiederum die Informationskosten, die nötig sind, den Bürger mit den entscheidenden transnational stattfindenden Entscheidungen vertraut zu machen.[315]

Robert Dahl sieht einen möglichen Ausweg aus diesem Dilemma durch eine Erhöhung der Demokratiequalität der bestehenden nationalen und lokalen politischen Systeme.[316] Es ist jedoch durchaus feststellbar, dass das Hineinwachsen in eine höhere europäische politische Ebene durchaus eine tiefere Verwurzelung in den niedrigeren sozialen und politischen Ordnungen mit sich bringt. Umso wahrscheinlicher ist es daher auch, dass Eingriffe der höheren in die niedrigere Ordnung potentiell als eine Art Fremdbestimmung wahrgenommen werden. Es kann aber auch die Voraussetzung in Frage gestellt werden, dass Demokratiequalität unmittelbar von der Anzahl der Bürger innerhalb der politischen Gemeinschaft abhängig ist. Dabei darf nicht übersehen werden, dass durch institutionelle Innovationen neue Möglichkeiten und Instrumente der Partizipation entstehen können, um somit die Zunahme der Größenordnung erfolgreich zu kompensieren. Diese stehen jedoch auf europäischer Ebene noch weitgehend aus.

---

314 vgl. Kluth, Winfried (1995). a.a.O. S. 49.

315 vgl. Höreth, Marcus (1999). a.a.O. S. 62ff.

316 vgl. Dahl, Robert (1994). A Democratic Dilemma: System Effectiveness versus Citizen Participation. In: Political Science Quarterly, 109/1994, Nr. 1, S. 24ff.

6.4 Intransparenz

Transparenz und Sichtbarkeit der politischen Handlungen bzw. Entscheidungen sind ein weiterer Faktor, wodurch die Demokratiequalität eines Regierungssystems bewertet werden kann. Einsicht in die Verfahrensweisen und Aktivitäten politischer Handlungsträger sind eine grundlegende Voraussetzung zur Kontrolle dieser. Das bedeutet, es ist nicht nur wichtig zu wissen, wer entscheidet, sondern auch wie und was entschieden wird. Umgelegt auf das europäische politische System, ergeben sich im Hinblick auf Transparenz drei wesentliche Kritikpunkte.

Der erste Faktor von Intransparenz auf europäischer Ebene ergibt sich aus der Art der Organisation des Beratungswesens rund um die Kommission und aus der ungeregelten Form des Lobbying.[317] Hierbei erscheint es vor allem problematisch, dass die Spielregeln fehlen, um auch im nachhinein erkennbar zu machen, wer in welcher Form am Entscheidungsprozess beteiligt war. Der Kommission obliegt es in weiten Bereichen (auch im Bereich des Lobbying) frei zu entscheiden, wen sie zur Beratung hinzuzieht und wie sie mit ihren Ergebnissen umgeht. Dadurch wird die Nachvollziehbarkeit der Willensbildung erschwert bzw. undurchsichtig gemacht.

Ein weiterer Kritikpunkt bezieht sich auf die Unübersichtlichkeit der Rechtsakte der EU, welchen es vor allem an juristischer Systematik mangelt. Zudem lässt das Stückwerk der Gemeinschaftsverträge den gemeinsamen Gehalt kaum sichtbar werden, was wiederum dazu führt, dass der Entscheidungs- und Willensbildungsprozess intransparent und kaum nachvollziehbar ist.[318] Als letzten Faktor von Intransparenz ist die fehlende Öffentlichkeit im Ministerrat zu erwähnen, und zwar in jenen Fällen, in denen er als Legislative fungiert. Die Öffentlichkeit der Parlamentssitzungen gehört zu den grundlegende Errungenschaften demokratischer Gesetzgebung, da sie es ermöglicht Entscheidungen nachzuvollziehen und somit die Repräsentanten für ihr Verhalten zur Rechenschaft zu ziehen. Es sind zwar Maßnahmen vorgesehen, die es zur Aufgabe haben das Prinzip der Öffentlichkeit zu gewährleisten, diese Bestimmungen sind jedoch zu restriktiv und zu eng. Der Rat hält alle Instrumente in seinem Aufgabenbereich um zu kontrollieren, was nach außen dringt. Er kann somit „willkürlich“ beschließen ob die Öffentlichkeit Zugang erhält.[319]

---

317 vgl. ebd. S. 16.

318 vgl. Weidenfeld, Werner/Jung, Christian (1993). Lehren aus Maastricht: Transparenz, Demokratie und Effizienz in der Europäischen Union. In: Integration, 3/1993, Nr. 16. S. 138-146. S. 139.

319 Melchior, Josef (1997). a.a.O. S. 17.

6.5 Schwache und fragmentierte intermediäre Strukturen

Unterhalb der Ebene der Konstitution und des Zusammenwirkens repräsentativer Organe bzw. ihr vorgelagert, ist die Frage nach den Institutionen und Mechanismen, die die Formierung eines substanziellen politischen Willens, der als repräsentativ für die Interessen und Präferenzen der Bürger gelten kann, überhaupt erst ermöglicht. Sogenannte intermediäre Organisationen - allen voran politische Parteien - übernehmen üblicherweise solche Aufgaben und gelten dadurch als unverzichtbare Elemente jeglicher Demokratie. Ohne Vermittlungsinstanzen wie Medien, Parteien, Verbände, Bürgerinitiativen etc. ist legitimes Regieren kaum möglich, da sie die Funktion der Integration unterschiedlicher politischer, wirtschaftlicher und sozialer Interessen innerhalb einer Gesellschaft übernehmen.[320] Vor diesem Hintergrund kann mit Blick auf die Europäische Union der Befund nicht optimistisch stimmen. Von einer Europäisierung der Parteienlandschaft kann kaum die Rede sein, die Strukturkommission der EU ist 1996 selbst auf die niederschmetternde Bilanz gestoßen, dass es kein europäisches Parteiensystem gibt, *„in dem sich im Gegenüber von Regierung und Opposition die Optionen europäischer Politik abbilden können.“*[321]
An der Rolle der Parteien im europäischen Willensbildungsprozess wird hauptsächlich kritisiert, dass sie bei Wahlen zum Europäischen Parlament nicht in der Lage sind, den politischen Willen ihrer Wähler im Hinblick auf Fragen spezifischer europäischer Politikinhalte zu formieren bzw. zum Ausdruck zu bringen. Dies drückt sich durch die niedrige Wahlbeteiligung aus, welche seit den ersten Direktwahlen 1979 kontinuierlich abgesunken ist.
Ergebnisse von Europawahlen werden zu einem Großteil von auf nationaler Ebene angesiedelten innenpolitischen Konflikten beeinflusst und weniger durch die Einstellung der Bevölkerung zu europapolitischen Themen. Als Gründe dafür gelten die Folgenlosigkeit der Wahlentscheidung, die politische Wirkungslosigkeit supranationaler Parteiorganisationen und die Dominanz der nationalen politischen Arena im Wahlkampf. Dieses Repräsentations- und Mobilisierungsdefizit europäischer Parteiorganisationen geht auch einher mit der Schwierigkeit, die nationale Ebene mit jener der europäischen zu verbinden. Aus diesem Grund wird auch der Europawahlkampf der politischen Parteien in den Mitgliedstaaten überwiegend mit innenpolitischen Argumenten geführt.
Wie zu Beginn dieses Abschnittes bereits erwähnt, zählen jedoch nicht nur Parteien zu den sogenannten intermediären Strukturen, sondern beispielsweise auch das Verbände- sowie das Mediensystem einer Demokratie. Viele Interessensgruppen und soziale Bewegungen, die sich auf nationaler Ebene entwickelt

---

320 vgl. ebd. S. 12ff.

321 Europäische Strukturkommission (1996). Reformprogramm für die Europäische Union. In: Weidenfeld, Werner. Reform der Europäischen Union. Gütersloh: Bertelsmann Stiftung. S. 11-55. S. 11ff.

haben, sind durch ihre begrenzte Handlungskapazität und durch wesentlich kompliziertere Entscheidungsprozesse auf europäischer Ebene kaum bzw. nur schwer am Leben zu erhalten. Diese intermediären Strukturen, welche auf nationaler Ebene gewachsen sind, können nicht einfach europäisiert werden, da dies zu schwerwiegenden Loyalitätskonflikten unter den Parteien und Verbänden in der EU und den einzelnen Mitgliedstaaten führen würde.[322] Hierbei ist zu beobachten, dass es vor allem den Gewerkschaften nicht gelingt, über eine lose transnationale Kooperation hinauszuwachsen, um somit einen machtvollen europäischen Gewerkschaftsbund zu etablieren. Dies liegt wohl auch daran, dass die Gruppe der an europäischen Entscheidungen Beteiligten viel heterogener ist, als dies im nationalen Kontext der Fall ist.[323]

Besonders gravierend auf die Demokratiefähigkeit der EU wirkt sich das Fehlen einer europäischen Öffentlichkeit aus. Der öffentliche Austausch von Argumenten und politischer Information, die Darstellung von Interessen und die Analyse von Problemen dienen unter anderem dazu, Politik zu rationalisieren und vor allem zu kontrollieren. Die europäische Öffentlichkeit kann diese Funktionen nicht erfüllen, da sie national parzelliert ist. Die Gründe dafür reichen von der Sprachenvielfalt über das Fehlen einer von der breiten Masse akzeptierten bzw. anerkannten Medienlandschaft bis hin zum Fehlen einer transnationalen Zivilgesellschaft.[324]

Das Fehlen bzw. der große Mangel intermediärer Vermittlungsstrukturen auf europäischer Ebene ist für die Demokratie(un)fähigkeit der EU von entscheidender Bedeutung. Sicher kann man dies dadurch begründen, dass deren Entwicklung erst am Anfang steht. Gegenwärtig jedoch und wohl auch kaum in absehbarer Zeit, existieren auf europäischer Ebene keine Institutionen, die in der Lage wären, komplexe europapolitische Themen zu transformieren und somit unterscheidbare politische Entscheidungsalternativen für die europäische Bürgergesellschaft anzubieten.

6.6 Das „institutionelle Demokratiedefizit“

In der Integrationsforschung hat sich bereits seit einiger Zeit die These verbreitet, dass sich die EU in einer Art Schwebezustand zwischen Demokratie und Technokratie befindet, wobei eine leichte Tendenz zu letzterem festzustellen ist.[325] Im „Rom-Maastricht-Amsterdam-Europa“ wurde ein ausreichender Ausbau demokratischer Institutionen auf Unionsebene versäumt, wodurch sich eine vom Bürger abgekoppelte „Expertokratie“ entwickeln konnte, die den Prinzipien parlamentarischer Demokratien nicht gerecht zu werden scheint. Außerdem

---

322 vgl. Höreth, Marcus (1999). a.a.O. S. 61.

323 vgl. ebd. S. 62.

324 vgl. Kielmannsegg, Peter (1996). a.a.O. S. 55ff.

325 vgl. Wallace, William/Smith, Julie (1995). a.a.O. S. 138f.

zeichnet die EU ein Mangel an konkreter Verantwortlichkeit aus, der dem europäischen Bürger die Verantwortungsbezüge im Entscheidungssystem kaum fassbar erscheinen lässt. Als Gründe dafür werden einerseits die Intransparenz der Entscheidungsfindungsstrukturen genannt sowie der von Anfang an fehlende Konsens der Mitgliedstaaten über die „Finalität" der EU.[326] Gegenüber diesen technokratisch-funktionalistisch geprägten Legitimationsmustern müssen klassische Demokratieprinzipien zurücktreten.
Im folgenden wird nun näher untersucht werden, auf welcher europäischen Ebene bzw. in welchen spezifischen Organen der EU diese angeführten Defizite besonders zum Tragen kommen.

6.6.1 Untergeordnete Rolle repräsentativer Organe

In allen liberalen Demokratien ist das Parlament jenes Organ, das den Willen des „Volkes" repräsentiert und auf welches die politische Willensbildung zentriert ist. Ein wichtiger Kritikpunkt bezieht sich folglich darauf, dass hier Regierungsvertreter, also Repräsentanten der Exekutive, Gesetzesbeschlüsse fassen und dass das EU-Parlament nicht im ausreichenden Maße in den Rechtssprechungsprozess einbezogen wird. Ein weiterer Kritikpunkt bezieht sich auf die Repräsentationsfunktion des EU-Parlaments, wodurch es sich grundlegend von den nationalen Parlamenten unterscheidet. Die Abgeordneten des Europäischen Parlaments und die in ihm vertretenen politischen Parteien repräsentieren kein europäisches Staatsvolk. Das Europäische Parlament repräsentiert somit nicht die Gesamtheit aller Unionsbürger. Abgeordnete und Parteien fühlen sich viel mehr als Interessenvertreter der von ihnen repräsentierten Region, denn als Repräsentanten der europäischen Bürgerschaft.[327] Zudem werden viele wichtige Entscheidungen auf europäischer Ebene insbesondere in der zweiten und dritten Säule unter Beibehaltung des Einstimmigkeitsprinzips in einer sozusagen „entparlamentarisierten Arena" getroffen und somit ohne direkte Legitimation der Bürger der Mitgliedstaaten.[328]
Die existierende Schwäche des Europäischen Parlaments wird besonders im Hinblick auf die Rolle der anderen EU-Organe deutlich. Die Abtretung von Kompetenzen der nationalen legislativen Ebene an den Ministerrat, ohne gleichberechtigte Beteiligung des direkt legitimierten Europäischen Parlaments an der Rechtsetzung, bewirkte diese Schwäche des EP.[329] Demokratietheoretisch ist die Rechtsetzung durch Regierungsvertreter im Ministerrat nicht zu rechtfertigen. Gravierende Auffassungsunterschiede gibt es dahingehend, inwieweit die ver-

---

326 vgl. Höreth, Marcus (1999). a.a.O. S. 42ff.
327 vgl. Kluth, Winfried (1995). a.a.O. S. 63.
328 vgl. Höreth, Marcus (1999). a.a.O. S. 46.
329 Melchior, Josef (1997). a.a.O. S. 11.

stärkte Einbeziehung der nationalen Parlamente die Schwäche des Europäische Parlaments kompensieren kann. Fraglich bleibt folglich auch, inwieweit erweiterte Befugnisse des EP zum Abbau des institutionellen Demokratiedefizits beitragen können.
Meines Erachtens können sie das nur begrenzt, denn durch den Mangel an zurechenbarer Verantwortung sowie durch mangelnde Verfahrens- und Problemtransparenz ist das Europäische Parlament nur begrenzt in der Lage zur Beseitigung des europäischen Demokratiedefizits beizutragen.
Im Gegenteil:

„Mehr Rechte für das Europäische Parlament in einem politischen System, das vertikal zwischen Mitgliedstaaten und der EU und horizontal zwischen einzelnen EU-Organen einem Fusionsprozess unterliegt, bedeutet in der Regel eine weitere Steigerung der Komplexität, durch die das Transparenzproblem noch größer wird."[330]

Nur durch eine strikte Aufgabenzuweisung an die Europäische Union könnte eine substantielle Stärke des Europäischen Parlaments einen positiven Beitrag zur Beseitigung des Demokratiedefizits leisten.

6.6.2 Fehlen einer verantwortlichen Regierung

„Verantwortliche Regierung setzt voraus zu wissen, wer denn eigentlich regiert."[331]

Die Frage lässt sich im Zusammenhang mit der Europäischen Union nicht leicht beantworten. Die Kommission stellt das Exekutivorgan der Europäische Union dar, das heißt sie hat für die Durchführung der von den EU-Organen erlassenen Rechtsakte zu sorgen. Gleichzeitig stellt sie auch die Bürokratie der Union dar. Ferner spielt sie auch bei der Formulierung und Entwicklung der EU-Politik eine zentrale Rolle. Zu den exekutiven Funktionen der Kommission zählen sowohl die direkte Implementierung von Politiken als auch die Ausarbeitung von Regelungen in Umsetzung von Beschlüssen des Rates bzw. die Überwachung der Umsetzung der EU-Politiken in und durch die Mitgliedsländer.[332] Diese Befugnisse sind jedoch inhaltlich und prozedural stark limitiert. Die Kommission ist in der Regel auf die Zusammenarbeit mit den Bürokratien der Mitgliedsländer angewiesen, sowohl bei der Entscheidungsfindung als auch bei der Politikumsetzung. Dabei hat sich ein Kreis von „Kommitees" - bestehend aus

---

330 Wessels, Wolfgang (1995). Wird das Europäische Parlament zum Parlament? Ein dynamischer Funktionsansatz. In: Randelzhofer, Albrecht/Scholz, Rupert/Wilke, Dieter (Hrsg.): Gedächtnisschrift für Eberhard Grabitz. München: Beck-Verlag. S. 879-904. S. 898.

331 Melchior, Josef (1997). a.a.O. S. 13.

332 vgl. Hartwig, Christiana (1997). a.a.O. S. 62ff.

Beamten der Mitgliedstaaten („Komitologie") - um die Europäische Kommission gebildet, welche den Regierungen der Mitgliedsländer einen beträchtlichen Einfluss auf die Kommission und auf die Umsetzung des EU-Rechts einräumen. Das heißt, dass die Mitgliedsländer und deren Regierungen neben ihrer Dominanz im Bereich der Gesetzgebung auch wesentliche Instanzen der Verwaltung stellen.[333]

Der Kommission kommt zwar eine aktive, die Integration vorantreibende Funktion zu, aber im wesentlichen doch die Rolle als „Vermittlerinstanz" im politischen Entscheidungs- und Umsetzungsprozess. Der Schluss liegt nahe, die EU als System des „Regierens ohne Regierung" zu qualifizieren. Denn es ist unübersehbar, dass sich eine solche Struktur den herkömmlichen Standards demokratischen Regierens entzieht. Es gibt keine „Regierung", die direkt dem Parlament gegenüber verantwortlich wäre.

Das „Demokratiedefizit" des europäischen Regierungssystems besteht nicht allein in der fehlenden Responsivität und der oftmals verzerrenden Repräsentation von Interessen, sondern ebenso in der Dominanz von Gruppen und Institutionen gegenüber der Repräsentation von Individuen („Bürgern"). Darin kommt der bereits angesprochene, fundamentale Konstruktionsfehler der EU zum Ausdruck, nämlich das Fehlen der „Volkssouveränität".

6.6.3 Unvollständige Gewaltenteilung

Im Mittelpunkt des parlamentarischen Interesses steht vor allem, wie bereits erwähnt, eine stärkere Beteiligung des Europäischen Parlaments am Rechtsetzungsverfahren der EU. Dies erscheint deshalb von besonderer Bedeutung, da sich hierin die Übertragung des demokratischen Grundprinzips der Gewaltenteilung auf das System der Europäischen Union vergegenwärtigen lässt.[334]

Es gehört zu den wesentlichen Definitionskriterien parlamentarischer Regierungsformen, dass sich die exekutive von der legislativen Gewalt ableitet und von ihr abhängig ist, d.h. sowohl von ihr gewählt als auch abgewählt werden kann. Dies trifft nicht für die Mitglieder des Ministerrats zu, welche von den Mitgliedstaaten entsandt werden und keinem EU-Organ verantwortlich sind. Sowohl die Mitglieder des Ministerrats als auch der Kommission können bis auf ein kollektives Misstrauensvotum durch das Europäische Parlament nicht zur Verantwortung gezogen werden.[335]

Arend Lijphart klassifiziert die Regierungsstruktur der EU als eine Art „Präsidialregime", welches dadurch gekennzeichnet ist, dass die Spitze der

---

333 vgl. Melchior, Josef (1997). a.a.O. S. 14.

334 vgl. Maurer, Andreas/Thiele, Burkhard (Hrsg.) (1996). Legitimationsprobleme und Demokratisierung der Europäischen Union. Marburg: Schüren-Verlag. S. 17.

335 vgl. Melchior, Josef (1997). a.a.O. S. 16.

Exekutive über eine vom Parlament unabhängige Legitimation verfügt.[336] Die Mitglieder des Ministerrats verfügen jedoch nur über eine indirekte Legitimation durch die nationalen politischen Systeme. Auch das meist in „Präsidialregimen" vorhandene komplexe System der „checks and balances" ist in der Europäischen Union nur ansatzweise entwickelt. Die Kritik an der Gewaltenteilung der Europäischen Union zielt zudem auf die Doppelrolle der einzelnen Mitglieder des Ministerrates als Gesetzgeber der EU und als Mitglieder der Regierungen in den Mitgliedstaaten ab. Das hat zur Folge, dass sich die Regierungen der Mitgliedstaaten der Kontrolle durch die nationalen Parlamente entziehen können.

Die Demokratiequalität der EU leidet bezüglich der Gewaltenteilung vor allem darunter, dass sowohl Ministerrat als auch Kommission eine Art „Doppelrolle" durch ihre bedeutenden Funktionen sowohl im legislativen Bereich als auch vor allem in der Exekutive spielen. Negativ verstärkt wird diese Gewaltenverschränkung durch die mangelnde effektive parlamentarischer Kontrolle der Kommission und des Ministerrats durch das Europäische Parlament und auch durch die nationalen Parlamente.

Abschließend gilt es zu bemerken, dass vor allem im Hinblick auf die Gewaltenteilung die von den nationalen Systemen vorgegebene Meßlatte sehr hoch liegt und somit in Bezug auf den institutionellen Rahmen der EU möglicherweise zu kurz greift. Wie bereits einleitend erwähnt, muss man hinsichtlich der Demokratiequalität auf europäischer Ebene vorsichtig agieren im Hinblick auf die Forderung, die EU müsse denselben demokratischen Standards gerecht werden wie ihre Mitgliedstaaten. Denn gerade durch dieses „Blaupausendenken" rücken jene strukturellen Bestimmungsgrößen in den Mittelpunkt der Analyse, die sich vornehmlich im Nationalstaat entwickelt haben. Aus diesem Grunde muss über alternative Legitimationsmodelle nachgedacht werden, die weitgehend ohne Staatlichkeit und die vielleicht sogar ohne die äußerst voraussetzungsreiche und bisher nur im nationalstaatlichen Rahmen erprobte Regierungsform der Demokratie auskommen können. In der Europäischen Union haben sich zwar Ansätze eines solch real existierenden Modells zur Rechtfertigung überstaatlicher Herrschaft herausgebildet, ohne dass diese über Merkmale einer eigenständigen Staatlichkeit verfügt, jedoch stellen auch diese vorhandenen Ansätze keine ausreichende Lösungen der Legitimitätsproblematik auf EU-Ebene dar.[337]

---

336 vgl. Lijphart, Arend (1984). a.a.O. S. 67ff.

337 vgl. Höreth, Marcus (1999). a.a.O. S. 69ff.

7. Fazit

Die Europäische Union leidet unter einem Legitimitätsproblem. Eine zunehmende Integration auf der rechtlichen Seite hat eine abnehmende soziale Legitimität nach sich gezogen. Die unklare Kompetenzabgrenzung, die erweiterten Möglichkeiten von Mehrheitsentscheidungen im Rat und der generelle Mangel an Transparenz haben das Problem der Legitimität zusätzlich verschärft. Keine der in diesem Kapitel angeführten „traditionellen" Integrationstheorien kann für sich alleine eine ausreichende und befriedigende Antwort auf die Legitimitätsfrage auf europäischer Ebene geben. Vielmehr erscheint es notwendig eine Gesamtbetrachtung des politischen Systems der EU im Hinblick auf die Legitimationsbeschaffung vorzunehmen, wobei ein mehr-dimensionales Legitimationskonzept von Nutzen sein könnte und sich hierbei der integrationstheoretische Ansatz des europäischen „Mehrebenensystems" als der zweckmäßigste charakterisieren lässt.

„Auch wer die skeptische Annahme eines Legitimationstrilemmas nicht teilt, wird immerhin zugeben müssen, dass es keinen einfachen Ausweg für die Lösung der Legitimationsprobleme des europäischen Mehrebenensystems gibt - schon gar nicht, wenn man auf eindimensionale Reformoptionen setzt, die das mehrdimensionale Problem des legitimen Regierens jenseits der Staatlichkeit gar nicht adäquat erfassen können."[338]

Ob man die nun sehr kritische Auffassung von einem „Legitimationstrilemma" auf europäischer Ebene teilt oder nicht, fest steht, dass isolierte Problemlösungsstrategien und Reformoptionen bei dem mehrdimensionalen System der EU nicht ans Ziel gelangen können. Die Maximierung eines einzelnen Legitimationsstranges geht zwangsläufig auf Kosten eines anderen. Darum muss man eine Optimierung bzw. Steigerung aller Legitimationsquellen anstreben, um ihr höchst komplexes Zusammenspiel nicht zu ignorieren und somit besser in den Griff zu bekommen. Die EU kann auf keine der drei angesprochenen Legitimitätsquellen verzichten, deshalb gilt es ihre komplementäre Wirkung zu bestärken und somit ihre Legitimationskraft zu optimieren.
Zusammenfassend kann man also feststellen, dass den sehr unterschiedlichen Legitimationsquellen der Europäischen Union zum gegenwärtigen Zeitpunkt nur unzureichend Rechnung getragen wird. Es sind vor allem die Mitgliedstaaten der EU, welche eine entscheidende Rolle als Legitimationsquelle der EU spielen und dabei die essentiellste Quelle der EU-Legitimität darstellen. Aus diesem Grunde wird die Europäische Union ernsthafte Legitimationsprobleme nur dann vermeiden können, wenn sie sich auch weiterhin auf Instrumentarien stützt, welche die Rückkoppelung der Integrationsentwicklung durch die Zustimmung der

---

338 Höreth, Marcus (1999). a.a.O. S. 323.

nationalen Bevölkerung sicherstellt. Daher erscheint es auch sinnvoller eine Bestandssicherung des institutionellen Gefüges der EU vorzunehmen, um dem mehrdimensionalen Legitimationskonzept gerecht zu werden, als den forcierten Ausbau einzelner europäischer Institutionen voranzutreiben.

Die Auflistung der Kritikpunkte an der Demokratiequalität der Europäischen Union hat gezeigt, wie vielfältig und weit gestreut die demokratischen Defizite auf europäischer Ebene liegen. Dabei spielt vor allem der Blickpunkt bzw. die Perspektive eine Rolle, von welcher man das europäische Demokratiedefizit beleuchtet. Es macht dabei einen Unterschied, ob man die EU aus nationalstaatlicher Perspektive bewertet oder aber als völlig neue Form eines politischen Gemeinwesens, oder ob man die institutionellen Strukturen der Union am Modell eines Einheitsstaates oder am Modell eines föderalen Bundesstaates misst. Je nachdem, welche „Brille“ man sich aufsetzt bzw. welchen Maßstab man anlegt, wird man zu unterschiedlichen Einschätzungen der Demokratiequalität der Europäischen Union gelangen. Wichtig erscheint es auch, wie bereits erwähnt, die Demokratiequalität der EU und jene ihrer Mitgliedstaaten als *„zwei Seiten ein und derselben Medaille zu betrachten“.*[339]

Ausgehend von der eingangs getroffenen Feststellung, dass unter Demokratiedefizit ein Mangel an demokratisch legitimierter Kontrolle über die Rechtsetzung verstanden werden kann, wurde gezeigt, dass die Europäische Union weder auf Gemeinschafts- noch auf nationalstaatlicher Ebene ausreichende bzw. effiziente Kontrollmöglichkeiten für ein parlamentarisches Repräsentationsorgan aufzuweisen hat.[340] Diese Beurteilung der europäischen Demokratiequalität greift wie bereits erwähnt zu kurz, da sie wichtige demokratietheoretische Aspekte außer acht lässt. Als zentrales demokratisches Defizit der Europäischen Union muss man vielmehr den Mangel an Transparenz und Öffentlichkeit sehen. Im Hinblick auf diesen Mangel läßt sich feststellen, dass das Europäische Parlament auch nur ein Teil einer undurchschaubaren Maschinerie ist. Parlamentarische Demokratie dient zwar, den Weg der Willensbildung vom Wählen bis hinein in den Staatsapparat sichtbar zu machen, demokratische Öffentlichkeit hingegen bedeutet vielmehr, dass die Bürger in den wichtigen Fragen wissen, wer wofür welche Entscheidungen zu verantworten hat. Von diesem Gelingen hängt ein Großteil der europäischen Demokratiefähigkeit ab. Das Europäische Parlament wird endgültig zu einem entscheidenden Faktor der Europäischen Politik, da keine wichtigen Entscheidungen mehr ohne seine Zustimmung oder Mitentscheidungen getroffen werden können. Dem wachsenden Bedarf nach einer eigenen von den Mit-

---

[339] Melchior, Josef (1997). a.a.O. S. 19.

[340] vgl. Falkner, Gerda/Nentwich, Michael (1992). a.a.O. S. 281.

gliedstaaten unabhängigen Legitimation europäischer Politik steht die mangelnde Demokratiefähigkeit der EU gegenüber. Die aufgeworfene Problematik der Legitimitätsfrage kann nur dann befriedigend gelöst werden, wenn auch die demokratische Legitimation europäischer Politik gewährleistet werden kann.[341] Zunächst erscheint es hierbei wichtig die Verbindung von Demokratie und Staat als eine konzeptuelle Vorentscheidung darzustellen, die sich jedoch als nicht zwingend begreifen läßt.[342] Dabei reicht ein Blick auf jene demokratietheoretische Definitionen, die ohne den Begriff des „Staates" auskommen.

„Democracy I take to be a mode of decision-making about collectively binding rules and policies over which the people exercise control."[343]

Viele Definitionen modernen Demokratie bestimmen jene als eine Art Herrschaftsform, bei der die Ausübung von politischer Macht auf Willensakte der Herrschaftsunterworfenen zurückgeführt werden können. Folglich setzt die Vorstellung einer „Regierung des Volkes, durch das Volk und für das Volk" nicht notwendigerweise einen Staat voraus.
Die Autoren Linz und Stepan sprechen zudem davon, dass auch in anderen Formen politischer Organisation demokratische Verfahren der Entscheidungsfindung zur Anwendung kommen können.[344] Nimmt man also an, dass demokratische Herrschaftsformen nicht unbedingt an den Staat gebunden sind, so kann man die Frage nach der Demokratiequalität innerhalb der EU überhaupt erst stellen. Es erscheint unbestritten, dass die Europäische Union die Minimalbedingungen eines politischen Regimes erfüllt, welches kollektiv verbindliche Entscheidungen zu fällen hat und somit tatsächliche Regierungsfunktionen besitzt. Dabei darf die EU Staatlichkeit und Volkssouveränität nicht „verschwinden" lassen, sondern muss sie, neu zugeschnitten und gebündelt, zu bewahren versuchen. Erkennt man die Vorstellung von dem Vorhandensein eines Demokratie- sowie eines Legitimitätsdefizits auf Ebene der EU, so erscheint es nunmehr interessant herauszufinden, inwieweit eine EU-Verfassung in der Lage wäre diese Defizite zu verringern. Dabei gelangt man gleichzeitig zur Beantwortung der Frage, ob die EU denn überhaupt in ihrer heutigen „Machart" einer Verfassung bedarf.

---

341 vgl. ebd. S. 65.

342 vgl. Melchior, Josef (1997). a.a.O. S. 21.

343 Beetham, David (1993). Liberal Democracy and the Limits of Democratization. In: Held, David (Hrsg.). Prospects for Democracy. North, South, East, West. Stanford: Stanford University Press. S. 55-73. S. 55f.

344 Linz, Juan/Stepan, Alfred (1996). a.a.O. S. 44.

IV. Braucht die EU heute eine Verfassung?

Die Idee, dem europäischen Einigungsprozess einen stabilen politischen Rahmen in Form einer Verfassung zu geben, ist bereits des öfteren formuliert worden. Die Herausforderungen und Notwendigkeiten sind evident und werden im Detail im weiteren Verlauf noch näher aufgezeigt.

Bezeichnenderweise rückt die Idee einer Europäischen Verfassung immer dann in den Vordergrund, wenn der Einigungsprozess in eine neue Phase tritt bzw. neue Herausforderungen auf die EU zukommen. Dies war in der ersten Hälfte der 50er Jahre, nach geglückter Gründung der EGKS und nach Unterzeichnung des Vertrages über eine Europäische Verteidigungsgemeinschaft, ebenso der Fall wie Anfang der 60er Jahre, nach der erfolgreichen Umsetzungsperiode der Römischen Verträge. Ein weiteres Beispiel bietet der Entwurf des Vertrages zur Gründung der EU, der 1984 vom Europäischen Parlament verabschiedet wurde und den Anstoß zur Einheitlichen Europäischen Akte gab.[345] Auch 1994, nach Inkrafttreten des Maastrichter Vertrages, befasste sich das Europäische Parlament erneut mit der Frage einer Europäischen Verfassung. Seit ungefähr einem Jahrzehnt ist die europäische Situation durch ein schleichendes Übergreifen des Integrationsprozesses in nahezu alle Politikbereiche gekennzeichnet. Als Konsequenz daraus werden Forderungen nach einer klaren vertraglichen Festschreibung der politischen Rahmenbedingungen laut. Ein weiterer gegenwärtig großer Druck auf das EU-System geht von der Notwendigkeit aus, Veränderungen im institutionellen System im Hinblick auf die beabsichtigte Erweiterung der Union herbeizuführen.
Ob die Europäische Union nun tatsächlich einer Verfassung bedarf, um anfallenden institutionellen, rechtlichen sowie politischen Anforderungen angemessen entgegentreten zu können, kann durch eine präzise Untersuchung festgestellt werden, inwieweit das EU-Vertragswerk in der Lage ist, die ihnen zugesprochenen Verfassungsfunktionen in ausreichendem Maße zu erfüllen. Besonderes Augenmerk wird in diesem Zusammenhang bzw. im speziellen Kontext meiner Arbeit auf die legitimierende Funktion einer Verfassung gerichtet.

1. Der Verfassungsbedarf

1.1 Erfüllen die Unionsverträge die Verfassungsfunktionen ausreichend?

Um den Verfassungsbedarf auf europäischer Ebene zu klären, erscheint es notwendig eine Bewertung der Gründungsverträge bzw. ihrer verfassungsmäßigen Funktionen vorzunehmen. In einem vorangegangenen Abschnitt wurden bereits

345 vgl. Weidenfeld, Werner (1991). a.a.O. S. 79ff.

konkrete Verfassungselemente der EU-Verträge aufgezeigt und auch deren verfassungsmäßige Mängel im Vergleich zur Staatsverfassung wurden in diesem Zusammenhang dargestellt.

Nun soll anhand einer Auflistung spezifischer Verfassungsfunktionen die Verträge bzw. deren Verfassungscharakter bewertet werden, um die Grundlage zur Beantwortung der Frage, ob Europa denn eine Verfassung braucht, so umfassend wie möglich zu beantworten. Hierbei werden jene Verfassungsfunktionen zur Analyse herangezogen, die bereits zur Klärung des Verfassungsbegriffs verwendet wurden (Legitimierungsfunktion, Integrationsfunktion - konsensschaffende Funktion, Schutz- und Ordnungsfunktion). Ergänzt werden diese durch die Strukturierungs- und Leitbildfunktion, welche im konkreten Zusammenhang mit der europäischen Verfassungsebene als hilfreiche Bewertungskriterien erscheinen.

1.1.1 Einigungs- und konsensschaffende Funktion

Da sich eine Vielzahl von Bürgern auf einem bestimmten Territorium erst durch eine Verfassung zu einem willens- und handlungsfähigen Verband organisiert, kommt der Verfassung die Funktion zu, die politische Einheit dieses Verbandes zu unterstützen bzw. zu ermöglichen. Durch die Einigungsfunktion einer Verfassung entsteht die konsensuale Grundlage der politischen Einheitsbildung sowie die Identifikationsbasis für jeden Einzelnen.
Die einheits- und konsensschaffende Funktion der EU-Verträge ist sicherlich gegeben, bewertet man sie aus mitgliedstaatlicher Sichtweise. Nicht Austritte, sondern Wünsche zum Beitritt prägen den gegenwärtigen Stand der Integration. Betrachtet man jedoch die identitätsstiftende Wirkung des europäischen Vertragswerkes bezogen auf die europäischen Bürger, so sind deutliche Mängel feststellbar.
Wie bereits festgestellt wurde, ist das Fehlen einer kollektiven europäischen Identität unter dem „Dach" des europäischen Demokratiedefizits kein rein institutionelles Problem, sondern findet ihre Wurzeln zu einem wesentlichen Teil im mangelnden sozio-kulturellen Unterbau der EU. Das Vertragswerk der Europäischen Union kann diesen erforderlichen soziokulturellen Rahmen zum derzeitigen Zeitpunkt nicht in ausreichendem Maße liefern. Die Gründe dafür liegen zu einem wesentlichen Teil in der Komplexität und Unübersichtlichkeit der Verträge, welche das politisch-rechtliche System der EU für den Unionsbürger nicht bzw. nur sehr schwer verständlich macht.[346]
Inwieweit könnte nun eine Europäische Verfassung die einheits- und konsensstiftende Funktion auf europäischer Ebene erfüllen? Durch die Erstellung eines

[346] vgl. Schwarze, Jürgen (2000). a.a.O. S. 17.

knappen, verständlichen und übersichtlichen Verfassungstextes könnte die integrative Wirkung der gemeinschaftlichen Rechtsverbürgerung erzielt, eine größere demokratische Legitimation der Unionsgewalt erreicht und die Entwicklung einer „Europäischen Identität" gefördert werden. Auch auf strukturelle Defekte der Europäischen Integration könnte eine Europäische Verfassung, nach Werner Weidenfeld, eine angemessene Antwort bieten:

- *„Sie reduziert die Komplexität auf die grundlegenden normativen Orientierungen und beschreibt den elementaren Konsens.*
- *Sie eröffnet mit der Etablierung demokratischer Verfahren die Chance einer direkten Legitimation der Europapolitik, die dadurch belastbarer wird.*
- *Sie kann die Entscheidungsverfahren so reformieren, dass Effizienz und Transparenz gewährleistet sind.*
- *Sie wirkt identitätsstiftend, indem sie den europäischen Bürger anspricht, beteiligt und ihm Orientierung bietet."*[347]

1.1.2 Legitimierungsfunktion

Die Frage der Legitimationsbeschaffung der EU ist besonders bedeutend, da nach traditionellem demokratietheoretischen Verständnis eine jede Herrschaftsordnung zu ihrer Legitimation einer Verfassung bedarf, um die bestehende politische Ordnung und Machtträger zu beschränken und zu rationalisieren.[348]
Die Europäische Union bezieht ihre bisherige Legitimation, wie bereits festgestellt, vor allem aus dem Zustimmungsakt der nationalen Parlamente zu den Verträgen, aus der Zustimmung der Bevölkerung zu den verantwortlichen Akteuren der Mitgliedstaaten sowie aus konkreten politischen Leistungen der Union, jedoch nur zum Teil aus der lückenlosen Anwendung demokratischer Verfahren.[349]
Die Verträge der EU sind somit nur begrenzt in der Lage, sich „kraft ihrer Inhalte" bzw. ihrer verfassungsmäßigen Charakteristika zu legitimieren. Hierbei steht noch immer die mittelbare Legitimierung durch die Mitgliedstaaten im Vordergrund. Auch wenn die europäische „Vertragsverfassung" sozusagen als „Teilverfassung" keine Verfassung im vollen Sinn des Begriffs darstellt, muss überprüft werden, ob die europäische Rechtsgemeinschaft und ihre Rückkoppelung mit den Mitgliedstaaten den Legitimationsbedarf europäischer Politik ausreichend decken können.[350] Formale und inhaltliche Legitimität bezieht sich

---

347 Weidenfeld, Werner (1991). a.a.O. S. 83ff.
348 vgl. Höreth, Marcus (1999). a.a.O. S. 171ff.
349 vgl. Weidenfeld, Werner (1991). a.a.O. S. 81ff.
350 vgl. Höreth, Marcus (1999). a.a.O. S. 176ff.

auf die Überprüfung, inwieweit die EU in ihrer Eigenschaft als Rechtsgemeinschaft Legitimation zu stiften vermag, wobei es konkret um die rechtliche Dimension des Integrationsvorgangs gehen soll. In diesem Zusammenhang stehen zum einen die europäischen Verträge als Rechtsgrundlage europäischer Politik und zum anderen die Rolle der Mitgliedstaaten im Zentrum des Interesses.

„Es ist unschwer nachzuweisen, dass die in diesem Sinne formale Legitimität der EU als gegeben angenommen werden kann, da bei der Schaffung der EU alle hierfür in den Mitgliedstaaten und völkerrechtlich vorgesehenen rechtlichen Erfordernisse befolgt wurden.“[351]

Die spezifischen Strukturen und Entscheidungsmechanismen der EU können somit als legitim angesehen werden, da sie auf der formalen Zustimmung der direkt und demokratisch gewählten Parlamente der Mitgliedstaaten beruhen.
Zudem besitzt die EU nur bedingt direkte politische Macht, mit der sie ihre Autorität ausspielen könnte, da sie weder eine Polizei noch eine Armee aufzuweisen hat und auch bei der administrativen Umsetzung ihrer Entscheidungen in hohem Maße von den Mitgliedstaaten abhängig ist.[352]
Die demokratische Legitimation der gemeinschaftseuropäischen Rechtsordnung hängt somit zu einem Großteil von der Anbindung bzw. Rückbindung des europäischen Rechts an das nationale Verfassungsrecht und die damit eng verknüpfte öffentliche Meinung in den Mitgliedstaaten ab. Höreth spricht in diesem Zusammenhang von den Mitgliedstaaten als *„hierarchisch übergeordnete konstituierende Stufe“*, während auf der *„horizontal konstituierten Stufe“* eine Gleichrangigkeit erkennbar ist.[353] Das bedeutet nichts anderes als dass auf der ersten, der verfassungsgebenden Stufe die Legitimation der EU durch die „Herren der Verträge“ bzw. ihre Mitgliedstaaten bewirkt wird, und auf der zweiten, der „verfassten“ Ebene die Mitgliedstaaten im Rahmen dieser vorgesehenen Bestimmungen der Gemeinschaftsorgane als gleichgeordnet agieren.
Jedoch reicht die Rückbindung des Gemeinschaftsrechts an die Rechtsordnungen der Mitgliedstaaten als Legitimationsgrundlage europäischen Regierens schon längst nicht mehr aus. Das europäische Primärrecht stellt zwar eine notwendige, jedoch eine nicht hinreichende Legitimationsquelle für die EU-Politik dar. Vor allem europäische Sekundärentscheidungen, die sich indirekt auf den Willen der Mitgliedstaaten stützen, bedürfen weiterer Argumente, um sich ausreichend legitimieren zu können.[354]
Unbestritten bleibt, dass die EU einen Teil ihrer Legitimität aus ihrer Eigenschaft als Rechtsgemeinschaft erfährt, da diese selbst als Leistung europäischer

---
351 ebd. S. 176.
352 vgl. ebd. S. 177ff.
353 ebd. S. 177.
354 vgl. ebd. S. 179.

Politik besteht („output") und da diese die Voraussetzung darstellt, um für „input"-orientierte Legitimationskriterien den entsprechenden Rahmen zu schaffen. Das europäische Vertragswerk als Rechtsgrundlage europäischer Politik spielt somit eine legitimitätsstiftende Rolle auf Unionsebene, wobei die EU-Verträge jedoch als keineswegs hinreichende Voraussetzung für legitimes Regieren gesehen werden können.

1.1.3 Strukturierungsfunktion

Die Strukturierungsfunktion durch die Festlegung der Organisations- und Entscheidungsverfahren wird zwar durch die europäischen Verträge gewährleistet, allerdings ist das Ergebnis verwirrend und konfus. Der Prozess der Europäischen Integration hat ein hohes Maß an Unübersichtlichkeit erreicht. Verschiedene umfangreiche Vertragsgrundlagen, unterschiedliche Entscheidungsprozeduren und uneinheitliche Organisationsformen führen oftmals zu unübersehbaren Orientierungsschwierigkeiten.[355]
Wie bereits erwähnt erscheint das rechtlich-politische System der EU für den Unionsbürger nur mehr schwer verständlich. Natürlich gilt zu berücksichtigen, dass der unbefriedigende Zustand des Vertragswerkes auch aus dem Umstand des nicht einfachen Interessensausgleiches zwischen den beteiligten Mitgliedstaaten erwächst. Trotzdem ist die Notwendigkeit einer Vereinfachung des bestehenden Primärrechts nicht zu übersehen, welches durch eine Europäische Verfassung gewährleistet werden könnte. Zudem könnte eine fassbare, durchschaubare und transparente Rechtsordnung mehr Identifikation der Unionsbürger mit dem EU-System und mehr Legitimität für das EU-System schaffen.

1.1.4 Leitbildfunktion

Die Leitbildfunktion der europäischen Gründungsverträge wird durch die in der Rechtsprechung des EuGH herausgearbeiteten Grundsätze deutlich - und hier insbesondere in der Anerkennung der Menschen- und Grundrechte. In Artikel 6 Absatz 2 des EUV werden die gemeinsamen Verfassungstraditionen der Mitgliedstaaten als die Leitbilder bzw. die allgemeinen Grundsätze des Gemeinschaftsrechts für das Verfassungsrecht der EU herausgestellt.[356] Die Leitbildfunktion des Vertragswerkes der EU wird demzufolge erneut lediglich insofern ausreichend erfüllt, als dass die Verfassungstraditionen der Mitgliedstaaten als Bezug bzw. als verfassungsmäßige Basis zur Hilfe gezogen werden.

---

355 vgl. Weidenfeld, Werner (1991). a.a.O. S. 82.

356 vgl. Hilf, Meinhard (1995). a.a.O. S. 33ff.

1.1.5 Schutz- und Kontrollfunktion

Vornehmlichste Funktion einer Verfassung ist es, ein gesellschaftliches System zu schaffen und dem Staat seine rechtliche Grundordnung zu geben. Durch die Ordnungsfunktion begrenzt die Gesellschaft ihre Machtträger und determiniert die individuelle und gesellschaftliche Freiheit. Die Verfassung hat somit die Aufgabe, Freiheit und Selbstbestimmung der Individuen zu gewährleisten.
Diese Schutz- und Ordnungsfunktion erscheint aus rechtsstaatlicher Sicht auf europäischer Ebene durchaus erfüllt. Jedoch besitzt die Rechtsordnung der EU eben diese Schutz- und Kontrollfunktion nicht autonom, sondern wiederum nur im ständigen Wechselspiel mit den nationalen Verfassungsebenen.[357] Die EU verfügt in bestimmten Gebieten (Legislativfunktion, Steuererhebung etc.) nicht über die notwendigen Kompetenzen, um als eigenständiges Rechtssystem ein gesellschaftliches System zu schaffen und zu sichern. Somit erscheint die „Rückendeckung" durch die Mitgliedstaaten auch bei der Erfüllung dieser Funktion von entscheidender Bedeutung.

Durch die Analyse der Erfüllung der oben angeführten Verfassungsfunktionen auf europäischer Ebene und der daraus hervorgetretenen verfassungsmäßigen Mängel der EU-Verträge soll im folgenden kurz auf weitere wesentliche Lücken der europäischen Unionsgrundordnung eingegangen werden, da dadurch die Beantwortung der Frage, ob die EU nun tatsächlich einer Verfassung bedarf, erleichtert wird.

1.2 Verfassungsmäßige Mängel des EU-Vertragswerks

1.2.1 Eingeschränkte Reichweite

Die auf die Unionsebene übertragene öffentliche Gewalt wird in den Verträgen inhaltlich geregelt und bildet die Grundlage für zahlreiche Akte, mit denen die EU sekundäres Recht schafft.[358] Das primäre erhält hierbei den Vorrang vor dem sekundären Gemeinschaftsrecht, was eine erschwerte Abänderbarkeit des Primärrechts gegenüber dem Sekundärrecht zur Folge hat. [359]
Diese hierarchische Über- bzw. Unterordnung des Rechts ist durchaus mit der Überordnung der Verfassungsgesetze vor den einfachen Gesetzen auf staatlicher Ebene vergleichbar. Jedoch reichen die auf Unionsebene in den Verträgen festgelegten verfassungsmäßigen Befugnisse nicht so weit wie die durch die natio-

---

357 vgl. ebd. S. 34.
358 vgl. Höreth, Marcus (1999). a.a.O. S. 173.
359 vgl. EU-V (1993). Art. 48 (ex-Art. N).

nalen Verfassungen geregelten Ermächtigungen. Die Grenze finden die Befugnisse der EU hierbei im Prinzip der begrenzten Einzelermächtigungen.[360]

1.2.2 Vernachlässigung verfassungstheoretischer Prinzipien

„Es entspricht der herrschenden Meinung der Verfassungsrechtslehre, eine Verfassung im vollen Sinn des Begriffs nur dann zu erkennen, wenn sie auf einen Akt zurückgeht, den das Staatsvolk setzt oder der ihm zumindest zugerechnet wird...“.[361]

Wie bereits erwähnt, existiert kein verfassungsgebender Akt auf dem Gebiet der EU-Rechtsordnung, während eine Staatsverfassung in einem erfassbaren Prozess entwickelt wurde, der oftmals als punktueller Akt in der Geschichte der Verfassungsgebung erscheint. Die europäische „Teilverfassung“ ist hingegen ein Regelwerk, das bisher schon auf eine lange Geschichte zurückblickt und das noch eine lange Geschichte haben wird, da es sich um einen langfristigen Entwicklungsprozess handelt, der gegenwärtig nicht abgeschlossen erscheint.
Zudem ist auf staatlicher Ebene das Prinzip der verfassungsgebenden Gewalt durch das Volk als entscheidendes Verfassungscharakteristikum zu nennen. Auch hierbei kann die Europäische Unionsgewalt bzw. das Primärrecht nicht auf ein „europäisches Volk“ - welches die verfassungsgebende Gewalt ausgeübt hat - zurückgreifen, da die Mitgliedstaaten als die „Herren der Verträge“ anzusehen sind. Die europäische öffentliche Gewalt ist somit nicht volks-, sondern staatsvermittelt. Das primäre Gemeinschaftsrecht wurzelt somit in den Völkern der Mitgliedstaaten, wodurch ein wesentlicher Unterschied zur Staatsverfassung erkennbar ist.[362] Die EU-Verträge sind kein Selbstbestimmungsakt einer Gesellschaft über Form und Ziel ihrer politischen Gemeinschaft und somit bleiben diese in Bezug, auf die Legitimation von Herrschaft durch die Herrschaftsunterworfenen hinter einer Verfassung im herkömmlichen Sinne zurück.

1.2.3 Fehlender Grundrechts- und Kompetenzkatalog

Einen entscheidenden Unterschied bzw. Mangel der Unionsgrundordnung im Vergleich zu einer staatlichen Verfassung stellt das Fehlen eines Grundrechtskataloges dar. Wie bereits im vorangegangenen Kapitel zur Charta der Grundrechte der EU erwähnt, gibt es neben diesem rechtlich unverbindlichen Dokument, das zudem noch nicht in das Vertragswerk der EU aufgenommen wurde, „nur“ die Bestimmungen des Art. 6 des EUV, der die Achtung der

---

360 vgl. Höreth, Marcus (1999). a.a.O. S. 174.
361 ebd. S. 174.
362 vgl. Grimm, Dieter (1995). a.a.O. S. 11.

Menschen- und Grundfreiheiten anerkennt und schützt. Zudem hat auch die laufende Rechtsprechung des EuGH einen gemeinschaftsrechtlichen Grundrechtsschutz entwickelt. Diesen durch den Artikel 6 des EUV geregelten Bestimmungen über die Grundrechte der EU-Bürger und der laufenden Rechtsprechung des EuGH fehlt jedoch nach Meinung einiger Europarechtsexperten die nötige Ausstrahlungs- bzw. Wirkungskraft auf die europäischen Bürger.[363] Zwar erscheint der Grundrechtsschutz in den Verträgen als durchaus ausreichend[364], jedoch könnte ein originärer Grundrechtskatalog als wichtiger Teil des europäischen Vertragswerks eine gewisse Bürgernähe signalisieren sowie den Charakter der EU als Wertegemeinschaft unterstreichen, was im Gegenzug zu mehr Legitimation der Unionsgrundordnung führen könnte.
Die Verträge der EU konstituieren supranationale öffentliche Gewalt und vollziehen insofern Souveränitäts- bzw. Kompetenzteilung, als dass sie den europäischen Institutionen einen Teil der Souveränität verleihen. Doch welches sind die Zuständigkeiten und Kompetenzen und wo liegen die Grenzen? Der „Verfassungsordnung" der Union fehlen wesentliche Bestandteile einer *„eindeutigen und transparenten Regelung des Verhältnisses zwischen den Organen der EU, den Mitgliedstaaten, den Regionen und den Bürgern."*[365]
Der Zusammenhang zwischen klarer Kompetenzzuweisung und Effizienz liegt hierbei auf der Hand. Dabei können die auf jeder Ebene angesiedelten Kompetenzen und Aufgaben nicht getrennt voneinander betrachtet werden, sondern sie sind vielfach aufeinander bezogen und miteinander verknüpft. Das föderal strukturierte System der Europäischen Union ist ein System der funktionalen und vertikalen Gewaltenteilung, in dem Kompetenzen auf die verschiedenen Handlungsebenen nicht nur nach Sachbereichen, sondern auch nach Funktionen unterschiedlich zugeordnet werden. Die Rechtsetzung liegt in einem nicht unerheblichen Ausmaße in den Händen der EU, während beispielsweise die Ausführung und Finanzierung grundsätzlich bei den Mitgliedstaaten oder noch weiter dezentralisiert, bei Ländern und Regionen, liegt.[366] Die Verträge der EU arbeiten anders als bundesstaatliche Systeme, da die Zuständigkeitsverteilung nicht mit einem mehr oder weniger statischen Konzept fixierter Zuständigkeitsverteilung zwischen Bund und Ländern auskommt, sondern mit globalen Ziel- und Aufgabenbeschreibungen ausgestattet sein muss.[367] Folglich würde durch die Ausarbeitung und Inkraftsetzung des geforderten Kompetenzkatalogs eine Neuformulierung des europäischen Vertragwerks vonnöten sein. Aus diesem Grunde erscheint es fraglich ob ein geschriebener Kompetenz- bzw. Zustän-

---

363 vgl. Höreth, Marcus (1999). a.a.O. S. 173f.

364 vgl. Grimm, Dieter (1995). a.a.O. S. 11f.

365 Schwarze, Jürgen (2000). a.a.O. S. 17f.

366 vgl. Pernice, Ingolf (2000). Kompetenzabgrenzung im Europäischen Verfassungsverbund. S. 1-13.

367 vgl. Schwarze, Jürgen (2000). a.a.O. S. 22f.

digkeitskatalog ein erfolgversprechendes Mittel zur Kompetenzaufteilung auf europäischer Ebene wäre, da ein solcher nicht dem „Wandelcharakter" bzw. der Flexibilität der Gemeinschaftsverträge entsprechen könnte. Vielmehr scheint hier ein etwas ausdifferenzierteres Modell zur Kompetenzverteilung erforderlich zu sein, das dem besonderen Charakter der EU sowie deren auf Flexibilität und Prozesshaftigkeit angelegten Integrationsprozess entspricht. Durch demokratische und transparente Entscheidungsverfahren soll die richtige Balance zwischen nationaler und europäischer Ebene dagegen für den Bürger deutlich erkennbar werden. Es erscheint unabkömmlich, dass eine Kompetenzordnung bzw. eine Systematisierung der Kompetenzen auf EU-Ebene erfolgt, auch wenn das nicht unbedingt durch einen fixierten und möglicherweise zu starr angesetzten Zuständigkeitskatalog erfolgen muss. Die Zuständigkeiten innerhalb der EU sowie deren Beziehungen zu den Mitgliedstaaten und weiteren dezentralisierten Einheiten müssen geklärt werden, um das Herrschaftssystem der Europäischen Union vor allem für die EU-Bürger durchsichtiger und verständlicher darzustellen. Dies könnte einen wichtigen Schritt in Richtung mehr Akzeptanz und somit mehr Legitimität der europäischen Herrschaftsordnung verkörpern.
Betrachtet man das Ausmaß an Defiziten bzw. Lücken, welche die europäische Verfassungsebene aufzuweisen hat, kann kaum ein Zweifel daran bestehen, dass Europa tatsächlich eine Verfassung braucht. Die Rechtsgrundlagen sind unüberschaubar geworden; die Reform Europas ist überfällig und eine elementare Übereinstimmung der Europäer muss fixiert und sichtbar gemacht werden. Ziele bzw. Forderungen die eine EU-Verfassung durchaus erreichen und somit die EU auf dem Weg zur Erfüllung derselben einen Schritt näher bringen könnte.

Durch die Darstellung und Auswertung spezifischer Verfassungsfunktionen und deren Erfüllung bzw. „Nicht-Erfüllung" auf europäischer Ebene kann nun im folgenden Schritt auf die speziellen Anforderungen an die europäische Rechtsordnung bzw. an eine mögliche EU-Verfassung eingegangen werden.

2. Spezielle Anforderungen an eine EU-Verfassung nach Läufer

„Die Verfassungsdiskussion in Europa wird ihre Befangenheit nur überwinden können, wenn sie sich den Besonderheiten der Gemeinschaftsbildung Europas stellt."[368]

Hierbei müssen vor allem zwei Eigenheiten der EU-Gemeinschaftsbildung berücksichtigt werden, zum einen die Zergliederung des Verfassungsgebers auf mehrere Träger bzw. Handlungszentren und zum anderen die Berücksichtigung

[368] Läufer, Thomas (1998). a.a.O. S. 568.

des im Umbruch befindlichen politischen Umfelds, das nach Bildung von Strukturen und Festigung von Werten verlangt. Vor dem Hintergrund dieser europabezogenen Besonderheiten entwickelte Thomas Läufer sieben Verfassungsfunktionen, welche spezifisch auf eine Europäische Verfassung anzuwenden sind.[369] Diese sollen nun im Folgenden kurz charakterisiert werden, da sie als Ganzes alle grundlegenden Merkmale enthalten, durch welche sich eine Europäische Verfassung auszeichnen sollte, um damit den Besonderheiten des Unionssystems Rechnung zu tragen.

Die im folgenden darzustellenden Anforderungen an eine EU-Verfassung überschneiden sich zwar teilweise in ihrer inhaltsmäßigen Darstellung, jedoch lässt ihre Gesamtheit ein in sich geschlossenes Bild einer möglichen Europäischen Verfassung deutlich werden.

2.1 Vertragsverfassung

Der Begriff der „Vertragsverfassung" soll zum Ausdruck bringen, dass es bei der Bildung einer Europäischen Verfassung vonnöten ist, eine Willenseinigung aller Mitgliedstaaten einzuholen, um somit eine direkte Legitimation durch die Unionsbürger zu erreichen. Ein konstitutioneller Schöpfungsakt kann im Falle der EU nur vom „Europäischen Volk" geleistet werden, welches aus dieser gemeinschaftlichen Verbindung bzw. Verflechtung wächst und somit als politisches Fundament für eine Europäische Verfassung dient. Dadurch kann die Entwicklung bzw. Bildung einer europäischen kollektiven Identität vorangetrieben werden.[370]

2.2 Komplementärverfassung

Eine Europäische Verfassung soll als Ergänzung zu den Verfassungen der Mitgliedstaaten bestehen. Für eine zukünftige Europäische Verfassung besteht eine direkte Abhängigkeit von den nationalen Verfassungsordnungen, allein schon dadurch, dass ohne die Zustimmung der beteiligten Staaten das Zustandekommen einer EU-Verfassung nicht möglich bzw. nicht legitim erscheint.[371]

Hierbei erscheint es sinnvoll, gemeinsame Verfassungsgrundsätze zu formulieren, um somit eine gemeinsame Rechtskultur als Rahmenordnung zu entwickeln. Kollisionsregeln, die das Zusammenwirken und Nebeneinander der

---

369 vgl. ebd. S. 568ff.

370 vgl. ebd. S. 569.

371 vgl. Bieber, Roland/Schwarze, Jürgen (1984). Verfassungsentwicklung in der Europäischen Gemeinschaft. Baden-Baden: Nomos Verlagsgesellschaft. S. 24.

beiden Rechtskreise regeln, sind dabei unerlässlich, wobei dem Europäischen Gerichtshof zur Sicherung dieser Grundsätze eine entscheidende Rolle zukommen wird. Seine Aufgabe ist es, dass das Gemeinschaftsrecht in allen Mitgliedstaaten einheitlich ausgelegt und angewandt wird.[372]

2.3 Integrationsverfassung

Eine Europäische Verfassung muss, unter Berücksichtigung des Integrationszieles der Union, eine stetige Entwicklung von Zielen und Verfahren zur weiteren Vergemeinschaftlichung fördern. Zur Integrationsfunktion einer Verfassung gehören ebenso Ziele wie Transparenz und Bürgernähe sowie die *„Institutionalisierung geeigneter demokratischer Verfahren, die eine auf die Union zugeschnittene und ihrer Eigenart entsprechende demokratische Legitimation des Handelns ihrer Organe herbeiführen können.“*[373]
Die Suche nach geeigneten demokratischen Regeln zur Lösung der komplexen Legitimationsprobleme der Europäischen Union hat sich in der Vergangenheit zu stark auf die Kompetenz- und Machtposition des Europäischen Parlaments konzentriert. Wie bereits erwähnt ist das Legitimationsproblem der EU weder ausschließlich parlamentsbezogen noch durch eine maßstabgetreue Übertragung der im Nationalstaat gewachsenen demokratischen Prinzipien zu lösen. Vielmehr bedarf es eines stärkeren Zusammenwirkens der Parlamente Europas und des Europäischen Parlaments, um somit neben parlamentarischen auch föderative Elemente zum Ausdruck zu bringen. Ebenso muss sich eine differenzierte Betrachtung des Legitimationsproblems auf europäischer Ebene durchsetzen, wobei zur Integrationsfunktion der Europäischen Verfassung mehrere legitimationsbezogene Elemente und Verfahren im Sinne einer *„systemverbundenen Demokratisierung“* gehören müssen.[374]

2.4 Wandelverfassung

Eine Europäische Verfassung muss alle Vorkehrungen dafür treffen, um die Dynamik der Gemeinschaftsbildung zu fördern bzw. zu unterstützen. Wie bereits in den eingangs erwähnten Verfassungsansätzen von Niklas Luhmann und Rudolf Smend erkennbar, gilt es im Zusammenhang mit einer Europäischen Verfassung, die Flexibilität und Dynamik des europäischen Integrationspro-

---

372 vgl. Dauses, Manfred A. (1998). Die Rolle des Europäischen Gerichtshofes als Verfassungsgericht der Europäischen Union. In: Hrbek, Rudolf/ Jopp, Mathias/ Lippert,Barbara/Wessels,Wolfgang (Hrsg.). Die Europäische Union als Prozeß. Verfassungsentwicklungen im Spiegel von 20 Jahren der Zeitschrift INTEGRATION. Bonn: Europa-Union-Verlag. S. 576-592. S. 578.

373 Läufer, Thomas (1998). a.a.O. S. 569.

374 vgl. ebd. S. 570.

zesses zu berücksichtigen. Diese Funktion würde eine Europäische Verfassung deutlich von einer Staatsverfassung unterscheiden, da sie sich unmittelbar auf den Wachstumsprozess der Union bezieht und somit stärker auf Entwicklung und Veränderung angelegt ist. Diese Bestrebung erscheint nur im Zusammenhang mit einer Vertragsverfassung realisierbar, da die Integrationsziele der Gemeinschaftsbildung zwischen den Mitgliedstaaten fortlaufend angepasst werden müssen, ohne dabei durch ein „versteinertes" Verfassungsrecht behindert zu werden.

2.5 Inkorporationsverfassung

Als Inkorporationsverfassung sollte eine Europäische Verfassung die Beziehungen zwischen der EU und ihrem politischen Umfeld regeln sowie als politischer Bezugspunkt dienen. Dabei geht es um die Regulierung des Verhältnisses der Union zu den internationalen und regionalen Organisationen, in denen sie Mitglied ist oder in denen ihre eigenen Mitglieder mitwirken (KSZE; WEU, Europarat, Vereinte Nationen, GATT/WTO, OECD usw.), aber auch um die Organisation der Beziehung zu den Beitrittsanwärtern (Staaten Mittel- und Osteuropas).

„Die Europäische Union wird den gesamten Komplex ihrer Außenbeziehungen in allen seinen Abstufungen und mit den daraus folgenden politischen, institutionellen und rechtlichen Multiplikationen nur mittels eines stimmigen Gesamtkonzepts regeln können, das wegen seiner Verknüpfung mit der Wirtschaftsintegration und mit der Gemeinsamen Außen- und Sicherheitspolitik in den Verfassungszusammenhang gehört."[375]

2.6 Verbandsverfassung

Als Verbandsverfassung kann eine Europäische Verfassung dazu beitragen den Aufbau der Union als polyzentrischer Handlungsträger, eng verbunden mit den Handlungsebenen der Mitgliedstaaten, voranzutreiben. Der Verbandscharakter der Union kann dadurch geklärt und gefestigt werden. Außerdem kann eine zukünftige Europäische Verbandsverfassung zusätzlich auch als Werte- und Strukturverfassung auftreten.[376] Das bedeutet, eine Europäische Verfassung könnte einerseits Wertgrundlagen und Vorstellungen von der „Finalität" der EU vermitteln, andererseits für eine klare und effiziente Zuständigkeitsverteilung zwischen den verschiedenen Handlungsebenen sorgen. Wie bereits im vorangegangen Abschnitt bezüglich des fehlenden Kompetenzkataloges auf EU-Ebene erwähnt, muss bzw. darf das allerdings nicht in einer zu starren und unflexiblen

---

[375] ebd. S. 570.

[376] vgl. ebd. S. 571.

Weise geschehen, da dies nicht dem prozesshaften Charakter des Integrationsprozesses entsprechen würde.

2.7 Strategieverfassung

Eine Europäische Strategieverfassung könnte den Fahrplan bzw. den zukünftigen Weg zur Vergemeinschaftlichung festlegen. Hierbei gilt es, die Verfassung als eine Art Bewertungsmaßstab heranzuziehen, um gegenwärtige und zukünftige Integrationsziele zu beurteilen und gegebenenfalls zu korrigieren. Bezüglich der integrationstheoretischen Ansätze bzw. der „Größe" der Integrationsschritte konkurrieren hier vor allem zwei Ansatzpunkte miteinander, einerseits die pragmatische Politik der „kleinen Schritte" und andererseits der „große Sprung" auf dem Weg zur Vergemeinschaftlichung der EU.[377] In der Regel wird für die Europäische Verfassung eine Art „policy-mix", also eine Mischung beider Ansätze vorgeschlagen, da verschiedene Zeitziele, auf welche sich die EU konzentrieren muss, wiederum eine verschiedene Reichweite haben und nicht gleichzeitig realisiert werden können.[378]

Die vorangegangenen Reflexionen über spezifische Funktionen einer Europäischen Verfassung müssen als eine Art „Stückwerk" angesehen werden und sollen vor allem neue Denkanstöße aus unterschiedlichen Richtungen zusammenführen. Es gilt hierbei vor allem die „Staatszentriertheit" des europäischen Verfassungsdenkens zu überwinden und diese Öffnung des Verfassungsdenkens für eine gemeinsame Zukunft in Europa nutzbar zu machen.

3. Fazit

Die Frage, die es in diesem Kapitel zu beantworten galt, war: „Braucht Europa heute eine Verfassung?". Wie bereits betont wurde, können die europäischen Gründungsverträge als eine Art „Teilverfassung" mit einigen wesentlichen verfassungsmäßigen Elementen betrachtet werden. Kann diese „Europäische Teilverfassung" den Verfassungsbedarf der Union decken bzw. wesentliche Verfassungsfunktionen erfüllen oder aber hinterlässt das Vertragswerk grobe verfassungsmäßige Mängel, so dass es notwendig ist, dieses durch eine EU-Verfassung zu ersetzen?
Als eines der Hauptargumente für eine Europäische Verfassung wird zumeist die Komplexität und Unübersichtlichkeit des bestehenden Vertragwerks der Union

---

377 vgl. Wessels, Wolfgang (1990). Institutionelle Strategien für die Politische Union: Eine Neuauflage der EEA? In: Integration 4/1990, Nr. 32, S. 192-203. S. 195ff.

378 vgl. Läufer, Thomas (1998). a.a.O. S. 572.

angeführt, wodurch das rechtliche sowie politische System der EU für den europäischen Bürger undurchschaubar und nicht mehr verständlich erscheint. Die Strukturierungsfunktion der EU-Verträge wird demnach nur in geringem Ausmaß erfüllt, da die verschiedenen umfangreichen Vertragsgrundlagen oftmals zu erheblichen Orientierungsschwierigkeiten führen.

„The treaties are far too long and detailed and undifferentiated. Trivial stuff, by the mere fact that it is part of the Treaty, is given constitutional status and the important, truly constitutional norms are submerged and do not get the prominence they deserve.“[379]

Eine europäische Verfassung könnte diese Komplexität auf die grundlegenden normativen Werte reduzieren und somit sowohl identitäts- als auch legitimitätsstiftend wirken. Die EU-Grundverträge erfüllen nur in begrenztem Maße die Legitimierungsfunktion, die einer Vollverfassung zukommen würde, da sie zu einem erheblichen Teil durch ihre Rückkoppelung an die Verfassungsebenen der Mitgliedstaaten legitimiert wird. Zudem reicht diese über die Mitgliedstaaten erreichte Legitimität längst nicht mehr aus, da die EU-Grundverträge nur limitiert in der Lage sind, sich kraft ihrer formellen und materiellen Qualitäten immanente Legitimität zu verschaffen. Ebenso wie die Legitimierungs- wird die Leitbildfunktion der Verträge auf mediatisiertem Wege bzw. über die Mitgliedstaaten erreicht, wobei jedoch die Rechtsprechung des EuGH vor allem in Menschen- und Grundrechtsfragen eine bedeutende Rolle spielt. Die Schutz- und Ordnungsfunktion scheint aus rechtsstaatlicher Sicht auf europäischer Ebene durchaus erfüllt, aber auch hierbei leistet die Rechtsordnung der EU diese Funktion nicht gänzlich autonom, sondern im ständigen Wechselspiel mit den nationalen Verfassungsebenen. Was anhand all dieser Verfassungsfunktionen und deren Erfüllung auf europäischer Rechtsebene auffällt, ist deren permanente und unabdingbare Rückkoppelung an die nationalen Verfassungsebenen der Mitgliedstaaten. Zudem kommen das Fehlen eines rechtlich verbindlichen Grundrechts- sowie eines Kompetenzkataloges als defizitäre Elemente des europäischen Vertragswerkes hinzu. Hierbei muss ein transparenteres Organisationssystem geschaffen werden, das zudem ein deutliches Ansteigen der Legitimität mit sich bringen könnte.

„Allein durch die Zusammenführung dieser materiellen Elemente in einer knappen und verständlichen Verfassungsurkunde könne eine integrative Wirkung der gemeinschaftlichen Rechtsverbürgerungen erzielt, eine größere demokratische Legitimation der Unionsgewalt erreicht und eine europäische Identität

---

[379] vgl. Weiler, Joseph (2000). The European Union: Enlargement, Constitutionalism and Democracy. In: Walter Hallstein-Institut für Europäisches Verfassungsrecht (Hrsg.). Verfassungsrechtliche Reformen zur Erweiterung der Europäischen Union. (Band 2). Baden-Baden: Nomos Verlagsgesellschaft. S. 95-111. S. 98.

gefördert werden.“[380] Die EU braucht also insofern eine Verfassung, um die Eigenständigkeit des europäischen Rechtssystems gegenüber den Mitgliedstaaten zu bestärken und somit an Akzeptanz und Legitimität zu gewinnen. Nur ein greifbarer Verfassungstext würde die Funktionen der Identitätsbildung, eine Einheitsschaffung zwischen Union, Mitgliedstaaten und deren Völkern erfüllen können. Außerdem scheint eine Reform des bestehenden Primärrechts der EU schon längst überfällig, da es weder durch Transparenz noch durch Übersichtlichkeit zu bestechen vermag.
Zudem scheint die stufenweise Methode der Änderung und Fortschreibung der bestehenden Verträge an ihre Grenzen gestoßen zu sein, und die Kluft zwischen Form und Wirkung der Verträge wird immer größer, so dass die Verfahrensabläufe immer unüberschaubarer werden und damit zugleich die gebotene Effizienz und die Wahrung des institutionellen Gleichgewichts nicht mehr gewährleisten können. Wichtig ist hierbei festzuhalten, dass eine europäische Verfassung komplementär zu den nationalen Verfassungsebenen bestehen und unter Berücksichtigung des Integrationszieles der Union auf Wandel und Flexibilität angelegt werden muss.[381]

Zusätzlich darf es im Zusammenhang mit einer möglichen EU-Verfassung nicht um die Gründung eines europäischen Bundesstaates gehen, sondern sie muss den Besonderheiten der EU als supranationalem Zusammenschluss entsprechen.

---

380 Schwarze, Jürgen (2000). a.a.O. S. 18.

381 vgl. Kapitel IV.2. Spezielle Anforderungen an eine Europäische Verfassung. S. 125ff.

V. Zusammenfassung und Ausblick

Die Vollendung der Europäischen Union ist aufs engste mit der weiteren Ausgestaltung ihrer Verfassungsordnung verbunden. Eine Europäische Verfassung ist gewissermaßen Teil der anstehenden Modernisierung Europas. Bei alledem ist Skepsis über den Weg, der mit dem Vertrag von Maastricht eingeschlagen wurde, nicht zu überhören. Die anzutreffenden Vorbehalte beziehen sich sowohl auf die kaum mehr zu übertreffende Komplexität des Vertragswerks als auch auf den Vorwurf, dass den EU-Verträgen der Bezug auf das gesamte Europa, insbesondere auf die Finalität Europas fehlt.
Die nun folgenden Schlussfolgerungen sollen in erster Linie zur Beantwortung der zentralen Fragestellung dieser Arbeit dienen, welche lautet: Inwieweit kann eine Europäische Verfassung das demokratische Legitimitätsdefizit der EU verringern oder beheben? In diesem Zusammenhang ging es nicht zuletzt darum, eine verfassungstheoretische Grundlage zu finden, welche eine EU-Verfassung zunächst überhaupt ermöglicht. Und auch die Untersuchung des EU-Primärrechts als verfassungsmäßige Grundlage der EU umfasst einen wesentlichen Bestandteil dieser Arbeit. Da die nachstehenden Schlussfolgerungen über eine reine Bestandsaufnahme hinausführen sollen - wird im Anschluss die Frage nach den konkreten Formen der Realisierung und nach den Chancen, welche eine EU-Verfassung mit sich bringen könnte, gestellt - um somit einen kleinen Blick in die „Verfassungszukunft" der EU zu wagen.

1. Legitimität „kraft Verfassung"

Welche Rolle spielt nun eine mögliche Europäische Verfassung in dem Bemühen das Legitimitätsdefizit der Europäischen Union zu verringern oder gar aufzuheben? Wie in einem vorangegangenen Kapitel erwähnt, befindet sich die EU in einem „Legitimitätstrilemma", wodurch die Maximierung einer der europäischen Legitimationsstränge zwangsläufig zur Minimierung einer anderen Legitimationsquelle führt. Somit kann das Ziel nicht die Maximierung eines Legitimitätsfaktors auf Kosten eines anderen sein, sondern vielmehr die Optimierung bzw. Steigerung der Legitimität unter Berücksichtigung aller drei legitimitätsstiftenden Stränge.[382] Demokratische Legitimation kann im Mehrebenensystem der EU nicht auf gleiche Weise erreicht werden wie in einer durch Staatsverfassung geregelten Staatsordnung.
Bei der Frage, ob und welche Verfassung Europa braucht, muss man Abschied nehmen von herkömmlichem Ideal-Denken, das dem spezifischen Wesen der EU nicht entspricht, die auf supranationaler Ebene allmählich neue Formen der

---

382 ebd. S. 323f.

Demokratie herausgebildet hat, die zwar noch weit davon entfernt sind, traditionelle Herrschaftsformen zu ersetzen, aber durchaus ein gewisses Entwicklungspotential, auch im Hinblick auf die Legitimationsproblematik besitzen. Auf der Suche nach der Antwort auf die Frage, inwieweit eine europäische Verfassung zur Lösung des demokratischen Legitimitätsdefizits beitragen kann, bin ich zu folgender abschließenden Annahme gelangt. Eine Verfassung auf europäischer Ebene kann meines Erachtens die Quellen legitimen Regierens der EU stärken, ohne dabei einen bestimmten Legitimationsstrang zu vernachlässigen bzw. zu minimieren. Das kann aus dem Grund geschehen, da eine EU-Verfassung nicht wie so viele institutionelle Reformen auf eine Maximierung eines Legitimitätsstranges, sondern vielmehr auf eine Erhöhung aller drei erwähnten Legitimationsquellen bedacht ist.

Eine Europäische Verfassung kann zweifellos die „Input"-Legitimität der EU stärken, da der verfassungsgebende Prozess mit einer Willenserklärung bzw. Entscheidungsfindung der Unionsbürger einhergeht und es letztendlich das Europäische Parlament sein würde - die einzig direkt demokratisch legitimierte EU-Institution - welches als Konstituante eine Europäische Verfassung ins Leben rufen könnte. Somit wäre eine direkte Stärkung der Beteiligungsdimension legitimen Handelns der EU gegeben. Die „Output"-Legitimität kann zwar durch eine EU-Verfassung nicht direkt gestärkt werden, jedoch könnte sie die Problemlösungskompetenz der Union insofern festigen, als dass auch diese Legitimationsquelle erheblich von der Folgebereitschaft der Bürger abhängig ist und eine transparente und effiziente Problemverarbeitung „kraft Verfassung" zu einer Verstärkung des Identitätspotentials der Unionsbürger führen würde.
Die „Identitätsdimension" der Union kann durch eine EU-Verfassung in ihrer Konzeptionalisierung verändert und verbessert werden. Das bedeutet, dass durch eine europäische Verfassung eine Stärkung des sozio-kulturellen und strukturellen Unterbaus der EU erfolgen kann, was wiederum zu einer allmählichen und schrittweisen „Abkoppelung" der EU-Verfassungsebene von den mitgliedstaatlichen Verfassungsebenen zur Folge haben würde.
Man muss sich hierbei jedoch im klaren sein, dass die „soziale" Legitimität der EU immer indirekt auf ihren Mitgliedstaaten beruhen wird und auch soll, da es sich bei der europäischen Rechtsordnung zu einem erheblichen Teil um einen Willensakt zwischen Staaten handelt. Jedoch könnte und sollte meines Erachtens diese staatliche Rückbindung der EU-Rechtsebene etwas gelockert werden, um dadurch ihren eigenständigen Charakter stärker zu betonen und ihr somit mehr direkte Legitimation zu verschaffen.
Betrachtet man nun den Einfluss einer europäischen Verfassung auf alle Legitimationsstränge der EU, so bleibt festzuhalten, dass die Realisierung einer solchen einen erheblichen Beitrag zur Behebung des demokratischen Legitimitätsdefizits der EU leisten könnte und das vor allem durch ihren „Optimie-

rungscharakter" verschiedener Quellen legitimen Regierens der EU. Betrachtet man das ganze aus integrationstheoretischer Sichtweise, so entspricht der Reformvorschlag einer EU-Verfassung den Vorstellungen eines „multilevel governance"-Ansatzes, da er durch die Berücksichtigung aller drei Legitimationsquellen dem gegenwärtigen Entwicklungsstand der EU angemessen erscheint. Und schließlich ist es gerade die Berücksichtigung der spezifischen Charakteristika der EU, welche einen Reformvorschlag zu einem erfolgversprechenden Fortschritt werden lassen könnte.

2. Chancen und Formen der Realisierung einer Europäischen Verfassung

Bevor man über die konkreten Formen der Realisierung einer Europäischen Verfassung nachzudenken beginnt, muss man sich über eine entscheidende Erkenntnis im Klaren sein, nämlich dass die EU letztlich nur aufgrund des Vertrauens und der Zustimmung der Unionsbürger in der Zukunft weiter wachsen kann. Dies setzt vor allem einsehbare Rechtszustände sowie ein demokratisch legitimiertes und transparentes politisch-administratives Entscheidungssystem voraus. Aus diesem Grunde wird man, wie bereits festgestellt, um eine wesentliche „technische" Vereinfachung der bestehenden Verträge der EU nicht herumkommen. In einem knappen und für den Bürger klar verständlichen Rechtsdokument ließen sich wesentliche Grundsätze, Ziele und Verfahren der EU in einprägsamer Form zusammenstellen. Ein solches Dokument würde die bereits existierenden Verträge sozusagen überwölben und alle übergeordneten Verfassungsprinzipien zum Ausdruck bringen. Eine Europäische Verfassung kann nur als Rekombination von Elementen existierender mitgliedstaatlicher Verfassungen gedacht werden, wobei vor allem der Wille zur Austragung von Differenzen das Verfassungsdesign bestimmen sollte. Die rechtliche fundierte Bürgerschaft könnte als gemeinschaftsbildendes Prinzip fungieren. Ob ein solch ausgebautes Dokument nun den Titel „Verfassung" trägt oder man aber bei der Bezeichnung „Unionsvertrag" bleibt, ist meines Erachtens nicht von entscheidender Bedeutung, da man nicht mit aller Macht an einem Begriff festhalten sollte, der für die Realisierung eines notwendigen und sinnvollen Projekts möglicherweise ein Hindernis darstellen könnte, denn für viele wirkt der Begriff der „Verfassung" abschreckend, da er oftmals mit einem „Superstaat Europa" in Verbindung gebracht wird.

Es ist deshalb wichtig zu erkennen, dass die EU als internationale bzw. supranationale Organisation auch eine Verfassung haben kann, ohne deshalb ein Staat sein zu müssen. Denn wie im Laufe der Arbeit festgestellt, gibt es theoretische Ansätze, welche den Begriff der „Verfassung" europafähig gemacht haben. Man kann also durchaus festhalten, dass sich die EU tatsächlich auf dem Wege zu einer Europäischen Verfassung befindet und diese juristische Terminologie den

realen Umständen durchaus angemessen erscheint. Trotz all der verfassungsrechtlichen Eigendynamik der EU darf jedoch nicht übersehen werden, dass sich die Union bisher nicht von ihrer Rückbindung an das nationale Verfassungsrecht ihrer Mitgliedstaaten lösen konnte und das wohl auch in Zukunft nicht geschehen wird. Die Verfassungsgrundsätze der Mitgliedstaaten bilden einerseits das Fundament für die europäische Verfassungsgebung und andererseits setzen sie ihrer Entwicklung auch Grenzen.[383]
Ein weiterer Punkt, der bei der Realisierung einer EU-Verfassung zu bedenken ist, befasst sich mit den Formen, in denen sich die weitere Entwicklung vollziehen wird. Europa muss hier auf dem weiteren Weg zu einer Verfassung auf die einvernehmliche Willenseinigung der Mitgliedstaaten setzen, wodurch ein „Verfassungvertrag" als die einzig realistische Variante einer EU-Verfassung zu sehen ist. Auf diesem Weg könnte auch die Charta der Grundrechte sowie ein System der besseren und präziseren Kompetenzabgrenzung integriert werden. Zudem erscheint es politisch sowie verfassungsrechtlich unwahrscheinlich, dass Europa in nächster Zukunft zum großen Sprung zu einer Gesamtverfassung ansetzen wird, weshalb es sinnvoller erscheint die Verfassungsreform zunächst durch auf einzelne Gebiete bezogene Schritte zu eröffnen.

Wie Joschka Fischer in seiner Rede vor dem Europäischen Parlament betont hat, braucht der Bürger mehr Klarheit über Europa.[384] Dies bedeutet vor allem Klarheit über die in der Union geltenden Grundlagen und über die gemeinsamen europäischen Verfassungswerte und -gesetze. Eine exakt bestimmte und verfassungsrechtlich definierte Finalität gibt es für die Europäische Union nicht und wird demnach von vielen gefordert.[385] Doch vielleicht ist es gerade dieser Verzicht auf eine solche Finalität, und somit die bewusste Offenheit des Gemeinschaftssystems, welche für die weitere Entwicklung des EU-Systems als Grundlage ihres Erfolges dienen könnte.

Versucht man sich über die Realisierungschancen weiterer verfassungsmäßiger Reformschritte klar zu werden, so gilt des weiteren festzuhalten, dass der Reformdruck auf die EU in diesem Gebiet um einiges größer ist als noch vor 20 Jahren. Die Aufgabenfülle der Union ist stetig angewachsen und das EU-Recht nimmt immer weitreichenderen Einfluss auf die politische, wirtschaftliche und soziale Ordnung ihrer Mitgliedstaaten.[386] Ferner kommt die beabsichtigte Erweiterung der Union hinzu, die den Druck zu institutionellen Reformen stetig ansteigen lässt. All diese Faktoren gemeinsam haben zu einem anwachsenden Druck auf die EU bezüglich ihrer Verfassungsentwicklung geführt. In diesem

[383] vgl. Schwarze, Jürgen (2000). a.a.O. S. 27f.
[384] vgl. Fischer, Joschka (1999). a.a.O.
[385] vgl. ebd. (1999).
[386] vgl. Schwarze, Jürgen (2000). a.a.O. S. 29.

Zusammenhang hat es in jüngster Zeit einige positive Ansätze zur europäischen Verfassungsreform gegeben, so etwa die Ausarbeitung einer Grundrechts-Charta für die EU, welche für die Union vor allem als Wertgemeinschaft von entscheidender Bedeutung ist bzw. sein wird. Trotz zunächst rechtlicher Unverbindlichkeit kann sie vor allem im Prozess der Bewusstwerdung der Selbstrolle der Unionsbürger nützlich sein, wodurch eine kollektive europäische Identität stärker ans Licht treten könnte. Mit der Grundrechts-Charta wird der konstitutionelle Charakter der Verträge nicht nur verstärkt, sondern vor allem auch stärker ins Bewusstsein der Bürger gerückt.

Der durch die Debatte ausgelöste europaweite Diskurs über eine gemeinsame Wertebasis der EU und ein möglicher Konsens darüber kann legitimierend, identitätsfördernd und integrierend wirken. Somit stellt die Charta der Grundrechte einen beachtlichen Schritt im Prozess der europäischen Verfassungsgebung dar. Nach dem Vorbild des Konvents zur Erarbeitung der Grundrechts-Charta könnte ein „Konvent II“ unter Beteiligung der Parlamente, der Kanndidatenländer und der Zivilgesellschaft ein Projekt zu einer Europäischen Verfassung ausarbeiten. Die Bürger der Union könnten so mehr Klarheit über die Aufgaben und die Verantwortlichkeiten der EU bekommen. Damit steigt sowohl die Chance für einen größeren Zusammenhalt als auch auf eine höhere Akzeptanz der europäischen Einigung in der Bevölkerung.

Abschließend soll auf die Worte von Jürgen Schwarze verwiesen werden, welcher die verfassungsrechtliche Debatte auf EU-Ebene sozusagen auf den „Punkt“ bringt und gleichzeitig all die Chancen, die mit einer europäischen Verfassung verbunden sind, aufzeigt:

„Es muss bei den politischen Reformbemühungen in Europa genügen, dass sie auf dem Wege zu einer europäischen Verfassung allgemein zu mehr Transparenz im Institutionengeflecht, zu einer klar einforderbaren Verantwortlichkeit der Amtsträger, zu verstärkter demokratischer Kontrolle, zu festgelegten Regeln beim Grundrechtsschutz und zu einer besseren und präziseren Aufgabenverteilung zwischen Gemeinschaft, Mitgliedstaaten und Regionen führen.“[387]

[387] ebd. (2000). S. 30.

Abkürzungsverzeichnis

BVerfG:	Bundesverfassungsgericht
EEA:	Einheitliche Europäische Akte
EG:	Europäische Gemeinschaft
EGKS-V:	Verträge über die Europäische Gemeinschaft für Kohle und Stahl
EG-V:	Vertrag über die Europäische Gemeinschaft
EMRK:	Europäische Menschenrechtskonvention
EU:	Europäische Union
EuGH:	Europäischer Gerichtshof
EuGHMR:	Europäischer Gerichtshof für Menschenrechte
EU-V:	Vertrag über die Europäische Union
EVG:	Europäische Verteidigungsgemeinschaft
EVP:	Europäische Volkspartei
SPE:	Sozialistische Partei Europas
EWG:	Europäische Wirtschaftsgemeinschaft
EWG-V:	Vertrag über die Europäische Wirtschaftsgemeinschaft
GASP:	Gemeinsame Außen- und Sicherheitspolitik
GATT:	General Agreement on Tariffs and Trade/Allgemeines Zoll- und Handelsabkommen
KSZE:	Konferenz für Sicherheit und Zusammenarbeit in Europa
OSZE:	Organisation für Sicherheit und Zusammenarbeit in Europa
NATO:	North Atlantic Treaty Organization
NGO:	Non-Governmental Organization
OECD:	Organization for Economic Cooperation and Development
PJZS:	Polizeiliche und Justizielle Zusammenarbeit in Strafsachen
UNESCO:	United Nations Educational, Scientific and Cultural Organization
UNO:	United Nations Organization
WHO:	World Health Organization
WTO:	World Trade Organization

Abbildungsverzeichnis:

Bibliografie:

Primärquellen:

EG (1953). Ad hoc-Versammlung. Entwurf eines Vertrages über die Satzung der Europäischen Politischen Gemeinschaft vom 10. März 1953. In: Neisser, Heinrich (1993). Das politische System der EG. Wien: Verlag Adolf Holzhausen. S. 253-288.

EG (1987). Einheitliche Europäische Akte. S. 1-56.
(http.//www.europa.eu.int/abc/obj/treaties/de/detr14a.htm)
Ausgedruckt am 20.10.2000

EU (1997). Vertrag zur Gründung der Europäischen Gemeinschaft. Konsolidierte Fassung mit den Änderungen des Vertrags von Amsterdam. Amtsblatt C 340 vom 10.11.1997. S. 173-308.
(http.//www.europa.eu.int/eur-lex/de/treaties/ec_cons.treaty_de.pdf)
Ausgedruckt am 20.10.2000

EU (1997). Der Vertrag von Amsterdam. Herausgegeben von Thun-Hohenstein, Christoph. Der Vertrag von Amsterdam. Die neue Verfassung der EU. Der neue EG-Vertrag. Der neue EU-Vertrag. Wien: Manz Verlag. S. 131-309.

EU (1999). Anhang IV der Schlußfolgerungen des Europäischen Rates in Köln zur Erarbeitung einer Charta der Grundrechte der EU vom 3./4.6. 1999. S. 1-3.
(http.//www.europa.eu.int/council/off/conclu/june99/annexe_de.htm)
Ausgedruckt am 31.10. 2000

EU (2000). Europainformationen zur Institutionellen Reform. S. 1-4.
(http.//www.europa-web.de/europa/03euinf/33INSTRF/instrefo.htm)
Ausgedruckt am 31.10.2000

EU (2000). Charta der Grundrechte der Europäischen Union. S. 1-23.
(http://www.europa.eu.int/comm/justice_home/unit/charte/pdf/charter_en.pdf)
Ausgedruckt am 20.01.2001

EU (2001). Vertrag von Nizza. S. 1-102.
(http://www.europa.eu.int/eur-lex/de/treaties/dat/nice_treaty_de.pdf)
Ausgedruckt am 12.03.2001

Europäisches Parlament (1984). Vertragsentwurf zur Gründung der Europäischen Union („Spinelli"-Entwurf) vom 14.02.1984. S. 1-45. (http://www.jef./de/kampagnen/verfassung/spinelli.htm) Ausgedruckt am 20.10.2000

Europäisches Parlament (1989). Erklärung der Grundrechte und Grundfreiheiten vom 12. April 1989, Sitzungsdokumente, A2-3/89. Herausgegeben von Weidenfeld, Werner (1991). Wie Europa verfaßt sein soll. Materialien zur Politischen Union. Bertelsmann Stiftung. Gütersloh. S. 432-440.

Europäisches Parlament (1994). Bericht des Institutionellen Ausschusses über die Verfassung der EU („Herman"-Bericht) vom 09.02.1994. S. 1-54. (http://www.jef.de/kampagnen/verfassung/herman.htm) Ausgedruckt am 20.10.2000

Europarat (1950). Konvention zum Schutze der Menschenrechte und Grundfreiheiten vom 4. November 1950. Herausgegeben von Weidenfeld, Werner (1991). Wie Europa verfaßt sein soll. Materialien zur Politischen Union. Gütersloh: Bertelsmann Stiftung.

Luster, Rudolf/ Pfennig, Gero/Fugmann, Friedrich (1988). Bundesstaat Europäische Union. In: Weidenfeld, Werner (Hrsg.) (1991). Wie Europa verfaßt sein soll - Materialien zur Politischen Union. Gütersloh: Verlag Bertelsmann Stiftung. S. 105-135.

Ferrero-Waldner, Benita (2000). Vortrag zum Thema: Die Europäische Grundrechtscharta - Ein Schritt auf dem Weg zu einer Europäischen Verfassung. Veranstaltet von der Wirtschaftskammer Österreich am 18. 12. 2000. Redemanuskript, S. 1-10.

Fischer, Joschka (1999). Rede vor dem Europäischen Parlament am 12.01.1999. S. 1-9. (http://www.auswaertiges-amt.de/WHI/deutsch/fce/fcespez2/fischer.htm) Ausgedruckt am 20.10.2000

Neisser, Heinrich (2000). Vortrag zum Thema: Grundrechte für Europa - Die Europäische Union nach Nizza. (2000). Veranstaltet von der Wirtschaftskammer Österreich am 18./19. 12. 2000.

Ders. (2000). Vortrag zum Thema: Die EU-Grundrechtscharta. Gehalten am Institut für öffentliches Recht der Universität Salzburg am 14.11.2000.

Sekundärliteratur

Abromeit, Heidrun (1998). Ein Vorschlag zur Demokratisierung des europäischen Entscheidungssystems. In: Politische Vierteljahresschrift 39, Nr. 1, S. 80-90.

Adamovich, Ludwig/Funk, Bernd-Christian/Holzinger, Gerhard (1997). Österreichisches Staatsrecht. Wien: Springer Verlag.

Alber, Siegbert (1994). Die Entwürfe des Europäischen Parlaments für eine europäische Verfassung. Saarland: Europa Institut.

Antalovsky, Eugen/Melchior, Josef/Puntscher Riekmann, Sonja (Hrsg.) (1997). Integration durch Demokratie. Neue Impulse für die Europäische Union. Marburg: Metropolis-Verlag.

Bergman, Kristin/Thaysen, Uwe (1994). Wieviel Verfassung braucht Europa? In: Stiftung MITARBEIT (Hrsg.): Wieviel Demokratie verträgt Europa? Wieviel Europa verträgt die Demokratie? Opladen: Leske&Budrich Verlagsgesellschaft. S. 77-91.

Beetham, David (1993). Liberal Democracy and the Limits of Democratization. In: Held, David (Hrsg.). Prospects for Democracy. North, South, East, West. Stanford: Stanford University Press. S. 55-73.

Ders. (1996). The Democratic Audit: Grundprinzipien und Schlüsselindikatoren politischer Demokratie. In: Campbell, David/Liebhart, Karin/ Martinsen, Renate/Schaller, Christian/ Schedler, Andreas, (Hrsg.): Die Qualität der österreichischen Demokratie. Versuche einer Annäherung. Wien: Manz-Verlag. S. 19-44.

Bieber, Roland (1995). Verfassungsverbund und Verfassungsänderung in der Europäischen Union. In: Bieber, Roland/Widmer, Peter (Hrsg.). L'espace constitutionnelle europeènne. Der europäische Verfassungsraum. The European constitutional area. Zürich: Schulthess Verlag. S. 313-346.

Ders. /Schwarze, Jürgen (1984). Verfassungsentwicklung in der Europäischen Gemeinschaft. Baden-Baden: Nomos Verlagsgesellschaft.

Caporaso, James A. (1996). The European Union and Forms of State: Westphalian Regulatory or Post-Modern? In: Journal of Common Market Studies, 34, Nr.1, S. 29-52.

Constantinesco, Vlad (1998). Subsidiarität: Zentrales Verfassungsprinzip für die Politische Union. In: Hrbek, Rudolf/Jopp, Mathias/Lippert, Barbara/ Wessels, Wolfgang (Hrsg.). Die Europäische Union als Prozeß. Verfassungsentwicklungen im Spiegel von 20 Jahren der Zeitschrift INTEGRATION. Bonn: Europa Union-Verlag. S. 339-355.

Dahl, Robert (1989). Democracy and its Critics. New Haven: Yale University Press.

Ders. (1994). A Democratic Dilemma: System Effectiveness versus Citizen Participation. In: Political Science Quarterly, 109, Nr.1, S. 23-34.

Dauses, Manfred A. (1998). Die Rolle des Europäischen Gerichtshofes als Verfassungsgericht der Europäischen Union. In: Hrbek, Rudolf/Jopp, Mathias/ Lippert, Barbara/Wessels, Wolfgang (Hrsg.). Die Europäische Union als Prozeß. Verfassungsentwicklungen im Spiegel von 20 Jahren der Zeitschrift INTEGRATION. Bonn: Europa Union-Verlag. S. 576-592.

Delors, Jacques (1993). Entwicklungsperspektiven der Europäischen Gemeinschaft. In: Aus Politik und Zeitgeschichte 43, S. 3-9.

Dickstein, Michael (1998). Der Verfassungsbegriff der Europäischen Union. Linz: Universitätsverlag Rudolf Trauner.

Easton, David (1953). The Political System. New York: Knopf-Verlag.

Europäische Strukturkommission (1996). Reformprogramm für die Europäische Union. In: Weidenfeld, Werner (Hrsg.). Reform der Europäischen Union. Gütersloh: Verlag Bertelsmann Stiftung. S. 11-55.

Evers, Tilman (1994) Das demokratische Dilemma der Europäische Union. In: Stiftung MITARBEIT (Hrsg.): Wieviel Demokratie verträgt Europa? Wieviel Europa verträgt die Demokratie? Opladen: Leske&Budrich Verlag. S. 11-27.

Falkner, Gerda/Nentwich, Michael (1992). Das Demokratiedefizit der EG und die Beschlüsse von Maastricht 1992. In: Österreichische Zeitschrift für Politikwissenschaft, 21, Nr. 3, S. 273-288.

Fischer, Peter (1994). Is the European community an International Organization?. In: Ginther, Konrad (Hrsg.). Völkerrecht zwischen normativem Anspruch und politischer Realität. Festschrift für Karl Zemanek zum 65. Geburtstag. Berlin: Duncker&Humblot Verlag. S. 179-202.

Friedrich, Carl Joachim (1972). Europa - Nation im Werden. Bonn: Europa-Union-Verlag.

Ders. (1968). Trends of Federalism in Theory and Practice. New York: Praeger University Series.

Frowein, Jochen (1995). Wesentliche Elemente einer Verfassung. In: Bieber, Roland/Widmer, Peter (Hrsg.). Der Europäische Verfassungsraum. Zürich: Schulthess Verlag. S. 347-388.

Giering, Claus (1997). Europa zwischen Zweckverband und Superstaat. Die Entwicklung der politikwissenschaftlichen Integrationstheorien im Prozeß der europäischen Integration. Bonn: Europa Union-Verlag.

Griller, Stefan (1996). Ein Staat ohne Volk? Zur Zukunft der Europäischen Union. IEF Working Paper. Wien: Forschungsinstitut für Europafragen.

Grimm, Dieter (1995). Braucht Europa eine Verfassung? In: Rack, Reinhard (Hrsg.). Eine Verfassung für Europa. Graz: Forschungsinstitut für Europarecht. Forschungsinstitut für Europarecht der Karl Franzens-Universität. S. 11-15.

Grimm, Dieter (1995). Does the European Union need a Constitution. In: European Law Review. 2, Nr. 296. S. 110-125.

Haas, Ernst B. (1968). The Uniting of Europe: Political, social and economic Forces. (2. Auflage). Stanford: Stanford University Press.

Häberle, Peter (1997). Europäische Rechtskultur. Baden-Baden: Nomos Verlagsgesellschaft.

Ders. (1998). Verfassungslehre als Kulturwissenschaft. (2. Auflage). Berlin: Duncker&Humblot Verlag.

Ders. /Morlok, Martin/Skouris, Wassilios (Hrsg.). (2000). Staat und Verfassung in Europa. Baden-Baden: Nomos Verlagsgesellschaft.

Habermas, Jürgen (1976). Legitimationsprobleme im modernen Staat. In: Kielmansegg, Peter Graf (Hrsg.). Legitimationsprobleme politischer Systeme. Politische Vierteljahresschrift, Sonderheft 7, S. 39-61.

Ders. (1991). Staatsbürgerschaft und nationale Identität - Überlegungen zur europäischen Zukunft. St.Gallen: Erker Verlag.

Hahn, Hugo J. (1963). Constitutional Limitations in the Law of the European Organisations. Leyden: Sifthoff Press.

Hallstein, Walter (1969). Der unvollendete Bundesstaat. Düsseldorf: Econ-Verlag.

Hänsch, Klaus (2000). Immer größer - Immer demokratischer. In: Häberle, Peter/Morlok, Martin/Skouris, Wassilios (Hrsg.). Staat und Verfassung in Europa. Opladen: Leske&Budrich Verlag. S. 123-129.

Hartwig, Christiana (1997). Demokratietheoretische Analyse der Europäischen Union. Salzburg: PW-Diplomarbeit.

Heidorn, Joachim (1982). Legitimität und Regierbarkeit. Berlin: Duncker& Humblot Verlag.

Hennis, Wilhelm (1976). Legitimität. Zu einer Kategorie der bürgerlichen Gesellschaft. In: Kielmansegg, Peter Graf (Hrsg.). Legitimationsprobleme politischer Systeme. Opladen: Westdeutscher Verlag. S. 9-38.

Hilf, Meinhard (1991). Grundrechte für eine Europäische Verfassung. In: Weidenfeld, Werner (Hrsg.). Wie Europa verfaßt sein soll. Materialien zur Politischen Union. Gütersloh: Verlag Bertelsmann Stiftung. S. 62-72.

Ders. (1995). Der Beitrag des Europäischen Parlaments zur Verfassungsentwicklung. In: Rack, Reinhard (Hrsg.). Eine Verfassung für Europa. Graz: Forschungsinstitut für Europarecht der Karl Franzens-Universität. S. 31-45.

Hirsch, Günter (2000). EG - Kein Staat, aber eine Verfassung. In: Neue Juristische Wochenschrift, 47, Nr.6, S. 23-45.

Hix, Simon (1998). The study of the European Union II: The „new governance" agenda and its rival. In: Journal of European Public Policy 5, Nr.1, S. 38-65.

Hoffmann, Hasso (1977). Legitimität und Rechtsgeltung. Berlin: Duncker& Humblot Verlag.

Hoffmann, Stanley/Keohane, Robert (1991). Institutional Change in Europe in the 80s. In: Hoffmann, Stanley/Keohane, Robert (eds.). The New European Community. Decision Making and Institutional Change. Boulder: Westreview Press. S. 1-39.

Höreth, Marcus (1998). The Trilemma of Legitimacy. Multilevel Governance in the EU and the Problem of Democracy. CEI-Discussion Paper C11. Bonn: Zentrum für Europäische Integrationsforschung.

Ders. (1999). Die Europäische Union im Legitimitätstrilemma. Baden-Baden: Nomos Verlagsgesellschaft.

Isensee, Josef (1993). Europa - die politische Erfindung eines Erdteils. In: ders. (Hrsg.). Europa als politische Idee und als rechtliche Form. Berlin: Duncker& Humblot Verlag. S. 103-138.

Ders. /Kirchhof, Paul (Hrsg) (1987). Handbuch des Staatsrechts der Bundesrepublik Deutschland Band I. Heidelberg: Müller Juristischer Verlag.

Ipsen, Hans-Peter (1970). Verfassungsperspektiven der Europäischen Gemeinschaft. Berlin: de Gruyter Verlag.

Ders. (1993). Zur Exekutiv-Rechtsetzung in der Europäischen Gemeinschaft. In: Badura, Peter/Scholz, Rupert (Hrsg.). Wege und Verfahren des Verfassungslebens. Festschrift für Peter Lerche zum 65. Geburtstag. München: Beck-Verlag. S. 425-441.

Jachtenfuchs, Markus (1997). Democracy and Governance in the European Union. European Integration Online Papers (EIOP). Vol.1. Nr.2. http://eiop.or.at./eiop/texte/1997-002.htm. (Ausgedruckt am 20.10.2000) S. 1-20.

Ders. /Diez, Thomas/Jung, Sabine (1996). Regieren jenseits von Staatlichkeit? Legitimationsideen in der Europäischen Union. Mannheim: Mannheimer Zentrum für Europäische Sozialforschung.

Jäger, Thomas/Piepenschneider, Melanie (Hrsg.) (1997). Europa 2020 – Szenarien politischer Entwicklung. Opladen: Leske&Budrich Verlag.

Jellinek, Georg (1960). Allgemeine Staatslehre. (3. Auflage). Bad Homburg: Gehlen-Verlag. – Neuauflage.

Kamann, Hans-Georg (1997). Die Mitwirkung der Parlamente der Mitgliedstaaten an der europäischen Gesetzgebung. Frankfurt/Wien: Peter Lang Verlag.

Kelsen, Hans (1960). Reine Rechtslehre. 2. Auflage. Wien: Deuticke-Verlag.

Kielmansenegg, Peter Graf (1996). Integration und Demokratie. In: Kohler-Koch, Beate/Jachtenfuchs, Jürgen (Hrsg.). Europäische Integration. Opladen: Leske&Budrich Verlag.

Ders. (1994). Das Maastricht-Urteil des Bundesverfassungsgerichts. In: Hommelhof, Peter/Kirchhof, Paul (Hrsg). Der Staatenverbund der Europäischen Union. Berlin: Duncker&Humblot Verlag. S. 11-24.

Kluth, Winfried (1995). Die demokratische Legitimation der Europäischen Union. Eine Analyse der These vom Demokratiedefizit der Europäischen Union aus gemeineuropäischer Verfassungsperspektive. Berlin: Duncker& Humblot Verlag.

Köck, Heribert Franz (1997). Questions related to the Recognition of the European Communities. In: Austrian Review of International and European Law, 2, Nr. 1, S. 49-61.

Kreile, Martin (Hrsg.). (1992). Die Integration Europas. Opladen: Beck-Verlag.

Kühnhard, Ludger (1993). Europäische Union und föderale Idee. Europapolitik in der Umbruchzeit. München: Beck-Verlag.

Laffan, Brigid (1997). Constitution-Building in the European Union. Dublin: Brunswick Press.

Läufer, Thomas (1994). Zur künftigen Verfassung der Europäischen Union - Notwendigkeit einer offenen Debatte. In: Integration 17, Nr. 4, S. 204-214.

Ders. (1998). Zur künftigen Verfassung der Europäischen Union – Notwendigkeit einer offenen Debatte. In: Hrbek, Rudolf/Jopp, Mathias/Lippert, Barbara/ Wessels, Wolfgang (Hrsg.). Die Europäische Union als Prozeß. Verfassungsentwicklungen im Spiegel von 20 Jahren der Zeitschrift INTEGRATION. Bonn: Europa Union Verlag. S. 564-576.

Leiße, Olaf (1998). Demokratie auf europäisch. Möglichkeiten und Grenzen einer supranationalen Demokratie am Beispiel der Europäischen Union. Frankfurt am Main/Wien: Peter Lang Verlag.

Lepsius, Rainer M. (1992). Zwischen Nationalstaatlichkeit und westeuropäischer Integration. In: Kohler-Koch, Beate (Hrsg.). Staat und Demokratie in Europa. Opladen: Leske&Budrich Verlag. S. 180-192.

Lijphart, Arend (1984). Democracies. Patterns of Majoritarian and Consensus Government in Twenty-One Countries. New Haven: Yale University Press.

Linz, Juan/Alfred, Stepan (1996). Problems of democratic transition and consolidation. Southern Europe, South America and Post-Communist Europe. Baltimore: John Hopkins University Press.

Loewenstein, Karl (1969). Verfassungslehre. (2. Auflage). Tübingen: Mohr-Verlag.

Luhmann, Niklas (1969). Legitimation durch Verfahren. Neuwied: Luchterhand Verlag.

Ders. (1993). Das Recht der Gesellschaft. Frankfurt am Main: Suhrkamp Verlag.

Marks, Gary (1993). Structural Policy and Multilevel Governance in the EC. In: Cafruny, Alan W./Rosenthal, Glenda G. (eds.). The State of the European Community. (Vol. 2.) Boulder/Colorado: Rienner Press. S. 391-411.

Maurer, Andreas/Thiele, Burkard (Hrsg.). (1996). Legitimationsprobleme und Demokratisierung der Europäischen Union. Marburg: Schüren-Verlag.

Meinhard, Hilf (1995). Der Beitrag des Europäischen Parlaments zur Verfassungsentwicklung. In: Rack, Reinhard (Hrsg.). Eine Verfassung für Europa. Graz: Forschungsinstitut für Europarecht der Karl Franzens-Universität.S. 31-45.

Melchior, Josef (1997). Zur Demokratiequalität der Europäischen Union. Defizite und Demokratisierungsbedingungen. Wien: Institut für höhere Studien.

Moravcsik, Andrew (1997). Warum die Europäische Union die Exekutive stärkt: Innenpolitik und internationale Kooperation. In: Wolf, Klaus Dieter (Hrsg.). Projekt Europa im Übergang. Baden-Baden: Nomos Verlagsgesellschaft. S. 211-269.

Morlok, Martin (2000). Staatslehre und Verfassungstheorie in Europa. In: Häberle, Peter/Morlik, Martin/ Skouris, Wassilios (Hrsg.). Staat und Verfassung in Europa. Baden-Baden: Nomos-Verlagsgesellschaft. S. 73-90.

Müller-Graff, Peter-Christian (2000). Europäische Verfassung und Grundrechtscharta: Die Europäische Union als transnationales Gemeinwesen. In: Integration 23, Nr. 2, S. 34-44.

Neisser, Heinrich (1993). Das politische System der EG. Wien: Verlag Adolf Holzhausen.

Nicolaysen, Gert (1987). Ansichten zur Gemeinschaftsverfassung. In: Europarecht, 1987, S. 299-310.

Oberreuter, Heinrich (1991). Gewaltenteilung. In: Nohlen, Dieter (Hrsg.). Wörterbuch Staat und Politik. München: Piper Verlag. S. 193-197.

Pelinka, Anton (1974). Dynamische Demokratie - Zur konkreten Utopie gesellschaftlicher Gleichheit. Stuttgart: Kohlhammer-Verlag.

Pernice, Ingolf (1999). Die Verfassungsfrage aus rechtswissenschaftlicher Sicht. S. 1-16.
http.//www.rewi-hu-erlin.de/WHI/papers//whipapers899/verfassungsfrage/htm
(Ausgedruckt am 19.10.2000)

Ders. (2000). Eine Grundrechte-Charta für die Europäische Union. S. 1-12.
http.//www.rewi-hu-berlin.de/WHI/papers/whipapers100/pernice.htm
(Ausgedruckt am 19.10.2000)

Ders. (2000). Kompetenzabgrenzung im Europäischen Verfassungsverbund. S. 1-13.
http.//www.rewi.hu-berlin.de/WHI/deutsch/fce/fcespez4/pernice.htm
(Ausgedruckt am 20.10.2000)

Phillips, Hood O./Jackson P. (1978). Constitutional and administrative law. (6. Auflage). London: Sweet&Maxwell Press.

Preuß, Ulrich K. (1994). Zum Begriff der Verfassung. Die Ordnung des Politischen. Frankfurt am Main: Fischer Verlag.

Ders. (2000). Auf der Suche nach Europas Verfassung. Europa hat noch keine Verfassung. In: Transit. Europäische Revue, Nr. 17, S. 154-174.

Quermonne, Jean-Louis (2000). Die Europäische Union auf der Suche nach legitimen und effizienten Institutionen. In: Integration 23, Nr. 2, S. 81-89.

Richardson, Jeremy (1996). European Union. Power and Policy-Making. London: Routledge Press.

Ronge, Frank (1998). Legitimität durch Subsidiarität? Der Beitrag des Subsidiaritätsprinzips zur Legitimation einer überstaatlichen Ordnung in Europa. Baden-Baden: Nomos Verlagsgesellschaft.

Schambeck, Herbert (1971). Der Verfassungsbegriff und seine Entwicklung. In: Merkl, Adolf/Verdroß, Alfred/Marcic, René (Hrsg). Festschrift für Hans Kelsen zum 90. Geburtstag. Wien: Deuticke-Verlag. S. 211-241.

Scharpf, Fritz (1985). Die Politikverflechtungsfalle. Europäische Integration und deutscher Föderalismus im Vergleich. In: Politische Vierteljahresschrift 26, Nr.3, S. 323-356.

Ders. (1991). Kann es in Europa eine stabile föderale Balance geben? In: Willdenmann, Rudolf (Hrsg.) Staatswerdung Europas? Optionen für eine Europäische Union. Baden-Baden: Nomos Verlagsgesellschaft. S. 415-428.

Ders. (1999) (Hrsg.). Governing in Europe. Effective and Democratic. Oxford: Oxford University Press.

Schmidt, Manfred (2000). Demokratietheorien. (3. Auflage). Opladen: Leske& Budrich Verlag.

Schmitter, Philippe C. (1998). Is it really possible to democratize the Europe-Polity? In: Follesdal, Andreas/Koslowsky, Peter (Hrsg.) Democracy and European Union. Berlin-New York: Springer-Verlag. S. 13-36.

Schneider, Hans-Peter (1985). Die Funktion der Verfassung. In: Grimm, Dieter. Einführung in das öffentliche Recht. Heidelberg: Müller Juristischer Verlag. S. 1-44.

Schneider, Heinrich (1994). Die Legitimitätskrise der europäischen Integration. In: Furtak, Robert K. (Hrsg.). Politik und Bildung als Zukunftsgestaltung. Landau: Knecht Verlag. S. 221-279.

Schwarze, Jürgen (2000). Auf dem Wege zu einer europäischen Verfassung - Wechselwirkungen zwischen europäischem und nationalem Verfassungsrecht. In: Schwarze, Jürgen/Müller-Graff, Peter-Christian. Europäische Verfassungsentwicklung. Europarecht, Beiheft 1. Baden-Baden: Nomos Verlagsgesellschaft. S. 7-30.

Schmitt, Carl (1928). Verfassungslehre. München: Duncker&Humblot Verlag.

Simon, Helmut (1994). Der Verfassungsstreit um den Maastricht-Vertrag: Worum geht es? In: Stiftung MITARBEIT (Hrsg.): Wieviel Demokratie verträgt Europa? Wieviel Europa verträgt die Demokratie? Opladen: Leske&Budrich Verlag. S. 59-77.

Smend, Rudolf (1994). Staatsrechtliche Abhandlungen und andere Aufsätze. (3. Auflage). Berlin: Duncker&Humblot Verlag.

Stein, Torsten (1992). Was wird aus Europa? Saarbrücken: Saarbrücker Universitätsreden 34. Ders. (1995). Die europäische Verfassungsdiskussion. In: Rack, Reinhard (1995). Eine Verfassung für Europa. Graz: Forschungsinstitut für Europarecht der Karl Franzens-Universität. S. 15-31.

Thieme, Werner (1997). Die Verfassungen Europas. Köln: Carl Heymanns Verlag.

Thürer, Daniel (2000). Föderalistische Verfassungsstrukturen für Europa. In: Integration 23, Nr. 2, S. 89-101.

Tsatsos, Dimitris (1999). Das Prinzip der europäischen Verfassungsgebung. S. 1-14.
http://www.rewi-hu-berlin.de/WHI/deutsch/fce/fce199/tsatsos.htm
(Ausgedruckt am 20.10.2000)

Ders. (2000). Zum Prinzip einer gemeineuropäischen Verfassungsverantwortung. In: Pahl, Marc-Oliver (Hrsg.). Grundfragen der europäischen Verfassungsentwicklung. Baden-Baden: Nomos Verlagsgesellschaft. S. 117-142.

von Bogdandy, Armin (1993). Die Europäische Option. Baden-Baden: Nomos Verlagsgesellschaft.

Ders. (1993). Supranationale Union als neuer Herrschaftstypus: Entstaatlichung und Vergemeinschaftung in staatstheoretischer Perspektive. In: Integration 16, Nr. 1, S. 210-224.

Wallace, William/Smith, Julie (1995). Democracy or Technocracy? European Integration and the Problem of Popular Consent. In: West European Politics 18, Nr. 3, S. 137-157.

Weidenfeld, Werner (1991). Notwendigkeiten und Kriterien für eine Europäische Verfassung. In: Weidenfeld, Werner (Hrsg.). Wie Europa verfaßt sein soll. Materialien zur Politischen Union. Gütersloh: Verlag Bertelsmann Stiftung. S. 79-102.

Ders. (1998). Europäische Verfassung für Visionäre. In: Hrbek, Rudolf/Jopp, Mathias/Lippert, Barbara/Wessels Wolfgang (Hrsg.). Die Europäische Union als Prozeß. Verfassungsentwicklungen im Spiegel von 20 Jahre der Zeitschrift INTEGRATION. Bonn: Europa Union Verlag. S. 157-164.

Ders./Jung, Christian (1993). Lehren aus Maastricht: Transparenz, Demokratie und Effizienz in der Europäischen Union. In: Integration, 16, Nr. 3, S. 138-146.

Ders./Giering, Claus (1998). Die Europäische Union nach Amsterdam - Bilanz und Perspektiven. In: Weidenfeld, Werner (Hrsg.). Amsterdam in der Analyse: Strategien für Europa. Gütersloh: Verlag Bertelsmann Stiftung. S. 19-87.

Weiler, Joseph (1995). The transformation of Europe. Cambridge: Cambridge University Press.

Ders. (1996). European Neo-Constitutionalism. In Search of Foundations for the European constitutional Order. In: Political Studies 44, Special Issue, S. 517-533.

Ders. (2000). The European Union: Enlargement, Constitutionalism and Democracy. In: Walter Hallstein-Institut für Europäisches Verfassungsrecht (Hrsg.). Verfassungsrechtliche Reformen zur Erweiterung der Europäischen Union. (Band 2). Baden-Baden: Nomos Verlagsgesellschaft. S. 95-111.

Wessels, Wolfgang (1990). Institutionelle Strategien für die Politische Union: Eine Neuauflage der EEA? In: Integration 4, Nr. 18, S. 192-203.

Ders. (1995). Wird das Europäische Parlament zum Parlament? Ein dynamischer Funktionsansatz. In: Randelzhofer, Albrecht/Scholz, Rupert/Wilke, Dieter (Hrsg.): Gedächtnisschrift für Eberhard Grabitz. München: Beck-Verlag. S. 879-904.

Wincott, David (1994). Is the treaty of Maastricht an adequate „Constitution" for the European Union? In: Public Administration 4, Nr. 72, S. 573-590.

Woyke, Richard (1998). Europäische Union. Erfolgreiche Krisengemeinschaft. München-Wien: Oldenbourg Verlag.

Zeitungsartikel

Der Standard, 26.02.2001. Ausflug der Außenminister nach Nizza. S. 4.

Der Standard, 09.12.2000. Kern einer Verfassung. S. 5.

Die Zeit, 15.12.2000. Von unten statt von oben. Nach Nizza hat nun der EU-Bürger das Wort. S. 1.

Europäische Zeitung, Oktober 2000. Die europäische Grundrechtscharta. Ein Wunsch für Nizza. S. 1.

Europäische Zeitung, Oktober 2000. Wegweisend für Europas Zukunft. S. 2.

Frankfurter Allgemeine Zeitung, Nr. 257/1999. Die Quelle der Legitimation deutlich machen. Eine föderale Verfassung für Europa." von Johannes Rau. S. 3.

La Repubblica, 07.12.2000. Non basta una carta per fare l'Europa. S. 16.

Neue Zürcher Zeitung, 11.12.2000. Noch kein weißer Rauch über Nizza. Zähes Ringen um die zentralen Machtfragen in der EU. S. 2.

Neue Zürcher Zeitung, 14.12.2000. Vertrag zulasten eines Dritten. Die Beschlüsse der EU-Staatschefs von Nizza haben Union beschädigt. S. 4.

Salzburger Nachrichten, 06.12.2000. Europa ist zur Reform verdammt. S. 3.

Salzburger Nachrichten, 15.12.2000. Der Anfang einer Verfassung der EU. Die EU-Grundrechts-Charta: Bollwerk gegen die Globalisierung oder soziokulturelles Bindemittel? S. 1.

Salzburger Nachrichten, 07.12.2000. Die Charta der EU-Grundrechte. S. 2.

Süddeutsche Zeitung, Nr. 275, (11) 1999. Zu schnelle Vereinheitlichung gefährdet Europa. S. 3.

FSC
www.fsc.org
MIX
Papier | Fördert gute Waldnutzung
FSC® C083411

Kolibri 360 GmbH
Ferdinand-Jühlke-Straße 7
99095 Erfurt, Deutschland
produktsicherheit@kolibri360.de

Druck:
CPI Druckdienstleistungen GmbH
im Auftrag der
Kolibri 360 GmbH
Ferdinand-Jühlke-Str. 7
99095 Erfurt